Charles LOISEAU

A PROPOS DE L'ALLIANCE FRANCO-RUSSE

L'INTERPELLATION

QU'ON N'A PAS FAITE

VICTOR RETAUX, Libraire-Éditeur
82, RUE BONAPARTE, 82
PARIS

Charles LOISEAU

A PROPOS DE L'ALLIANCE FRANCO-RUSSE

L'INTERPELLATION

QU'ON N'A PAS FAITE

Victor RETAUX, Libraire-Éditeur
82, RUE BONAPARTE, 82
PARIS

————————

Cette brochure vient de paraître, en deux articles, dans la **Quinzaine** *des 1ᵉʳ et 16 avril 1902.*

Les épreuves de ces articles étaient déjà corrigées, lorsque, dans les derniers jours de mars, M. Firmin Faure, député d'Oran, signala à la Chambre les dangers du chemin de fer de Bagdad, et M. Denys Cochin ceux de la politique asiatique.

L'auteur ne peut que se féliciter de ce que, sur ces deux points, l'initiative parlementaire ait corroboré ses propres critiques. C'est peut-être une indication que « l'Interpellation qu'on n'a pas faite » *pourrait tout aussi bien s'intituler* « l'Interpellation qu'on fera ».

————————

A PROPOS DE L'ALLIANCE FRANCO-RUSSE

L'INTERPELLATION

QU'ON N'A PAS FAITE

M. LE PRÉSIDENT. — L'ordre du jour appelle la discussion de l'interpellation de M. X*** sur l'orientation politique et les conséquences économiques de l'alliance franco-russe. (*Mouvements divers.*) Veuillez faire silence, messieurs. La parole est à M. X***.

M. X***. — Messieurs, l'interpellation que je vais avoir l'honneur de développer devant vous présente, je n'en doute pas, aux yeux de M. le Ministre des Affaires étrangères, un caractère éminent d'inopportunité. J'ai dû invoquer auprès de lui, pour qu'il l'acceptât, l'intérêt — permettez-moi de dire : nouveau — que la Chambre marque depuis quelques temps aux questions de politique extérieure, et sur lequel je fonde mon espoir en votre bienveillante attention.

J'ai dû invoquer en outre l'intérêt que portera sans aucun doute le pays, en fin de législature, dans le moment où nous lui rendons nos comptes, à un examen sommaire soit du programme de la politique franco-russe, soit de la formule d'efficacité que le Ministère a su lui découvrir. J'ai dit programme et formule, messieurs. Je n'ai pas dit : principe. Car, pour moi, le principe de l'Alliance reste au-dessus de toute discussion. (*Bruit à l'extrême-gauche.*) Et lorsque je m'informe, avec plusieurs de nos collègues, de la sagacité qui l'a mis en

valeur, nos réserves même, je le déclare bien haut, s'inspirent
d'un acte de foi en sa fécondité. (*Très bien, très bien.*)

UNE VOIX A GAUCHE. — C'est la foi qui sauve!

M. X***. — Cet acte de foi, du reste, le pays le fait implicitement, quand il cherche l'empreinte de l'action franco-russe,
soit sur les affaires où la France a un intérêt direct, soit sur
celles dont sa tradition et son tempérament lui défendent de se
désintéresser. Ne le lui reprochez pas. Les ministères qui se
sont succédé depuis le toast historique de Cronstadt ont suren-
chéri d'assurances, touchant l'éclat qu'un pacte avec la Russie
devait donner à notre politique extérieure. Le parti républicain
a renchéri sur les ministres, dans les innombrables manifestations de sa vitalité électorale... (*Murmures.*) L'opinion est donc
excusable de s'être tournée vers l'Alliance, toutes les fois que,
hors de nos frontières, un problème, à plus forte raison une
crise, se sont imposés à son attention.

Un moment, elle a cherché l'Alliance en Égypte, où la pres-
cription commence à atteindre, au profit de l'Angleterre, des
titres dont nous faisions grand cas autrefois. Elle l'a cherchée
dans l'épreuve de Fachoda, que l'impéritie gouvernementale
nous avait préparée. (*Protestations au centre.*) Elle l'a cherchée
— elle la cherche encore — dans ces régions de l'Empire Ottoman où l'on assassine et torture par délégation khalifale. Elle
l'a cherchée en Serbie, sur ce boulevard oriental des intérêts
franco-slaves, au temps du funeste roi Milan. Elle l'a cherchée... comment dirai-je? derrière cette impalpable Commis-
sion exécutive du Congrès de la Haye, qu'on put croire un
instant éclose au souffle humanitaire de M. Léon Bourgeois
(*Sourires*) — et vous savez pourtant si la barbarie civilisée continue à se donner carrière au Transvaal... (*Applaudissements.*)
Elle la cherchait hier enfin, pendant la période d'incubation
du conflit franco-turc, dont le moins qu'on puisse dire est
qu'il ne nous a permis de faire l'économie, ni d'une démonstration navale, ni même d'une mystification. (*Mouvements
divers.*)

Messieurs, pour l'instant, je ne critique ni ne récrimine. Je
constate seulement que l'opinion, à plus ou moins bon escient,
avec plus ou moins d'insistance, a évoqué l'Alliance à l'occa-

sion des événements que je vous rappelle — et que l'Alliance ne s'est pas montrée...

M. LE MINISTRE DES AFFAIRES ÉTRANGÈRES. — Mais elle a agi!

M. X***. — Oh alors! Votre présence à la tribune nous promet des révélations... Elles seront d'autant mieux accueillies que le public, libéralement renseigné sur les particularités des revues militaires, ou navales, les menus de Compiègne et les itinéraires de trains impériaux, ne connaît de l'Alliance que son brillant décor...

UNE VOIX A L'EXTRÊME-GAUCHE. — Vous oubliez les emprunts!

M. X***. — Pour le reste, il me paraît réduit à se la figurer sous les traits d'une dame voilée... (*Bruit.*)

M. LE PRÉSIDENT. — Je supplie l'orateur...

M. X***. — ... Qui consent au seul ministre des Affaires étrangères quelques rendez-vous nocturnes. (*On rit.*)

M. LE MINISTRE DES AFFAIRES ÉTRANGÈRES. — Mettons : diurnes, si vous voulez bien.

M. COUTANT. — Elle a un drôle de goût! (*Explosion d'hilarité à l'extrême-gauche. Protestations au centre.*)

M. LE PRÉSIDENT. — Monsieur Coutant, je vous rappelle à l'ordre... L'orateur voit l'inconvénient d'abuser des expressions figurées...

M. X***. — Monsieur le Président, je n'ose vous promettre de m'en abstenir, et voici ma raison. Dans cette enceinte, l'éloquence de nos ministres, quand ils abordent une question de politique extérieure, a je ne sais quoi de précieux, j'allais dire d'endimanché. Ils évitent systématiquement la forme, la couleur, le trait, qui pourraient rendre leurs opinions moins sibyllines. Ce n'est point l'allure, dans d'autres Parlements, d'hommes d'État qui les valent bien et dont la préoccupation, tout au contraire, est de montrer qu'ils *causent* avec les représentants du pays. J'aime M. de Bülow, disant rondement aux membres du *Reichstag* : « Nous ne pouvons nous dissimuler, à la façon dont on a pris le problème crétois, que ce n'est pas le nombre des cuisiniers qui rend la soupe meilleure. » J'aime même M. Chamberlain (*Oh! Oh!*) répondant à un membre de la Chambre des Communes : « Quand on se met à table avec le diable, il faut avoir une cuiller plus longue que lui... »

M. Gustave Rouanet. — Décidément, c'est la soupe diplomatique populaire! (*On rit.*)

M. X***. — Cette vulgarité même a sa saveur, je dirai presque sa noblesse. Un orateur doit être maître de son sujet pour en fournir le condensé dans une formule humoristique. D'un mot, je trouve qu'à cette tribune on a fait jusqu'ici beaucoup trop de politique étrangère en habit noir. Et je me propose, avec la permission de la Chambre, d'essayer d'en faire en *smoking*. (*Très bien, sur plusieurs bancs.*)

M. le Président. — Tout dépend du tailleur...

M. X***. — Vous entendez M. le Président... qui est de l'Académie française. — Cela se gagne... (*Hilarité générale.*)

Je disais donc, messieurs — et le sujet, je vous assure, est assez aride pour que vous ne me teniez pas rigueur de quelques intermèdes — je disais que la courte carrière de l'Alliance, qui n'embrasse pas une période de plus de cinq ans, a déjà donné lieu à quelques incertitudes, à quelques étonnements; tranchons le mot : à quelques déceptions. L'Alliance ne s'est pas manifestée, à l'état d'entité politique vivante et agissante, sur certains points où elle était attendue, j'allais dire sur presque tous. Or, l'opinion, et, à plus forte raison, les sphères qualifiées compétentes, n'admettront pas sans peine que cet effacement, sur des théâtres si divers, à propos d'affaires si variées, soit le résultat d'une série de causes contingentes. On soupçonne qu'il doit procéder d'une cause générale. Cette cause, voulez-vous que nous la cherchions ensemble? (*Mouvements divers.*)

Un pacte entre grands États, messieurs, peut être préparé, vivifié, sauvé même des épreuves que lui infligent les erreurs des hommes, par des affinités de races et de sentiments. Mais sa meilleure base, c'est encore la communauté des intérêts. Les intérêts communs à la France et à la Russie existent, n'en doutons pas. Il me semble en concevoir assez nettement la nature, l'importance, le foyer géographique — et nous en reparlerons plus tard. Ce qui me préoccupe pour l'instant, c'est de savoir si le gouvernement de la République les conçoit aussi avec netteté; s'il les a bien cherchés où ils sont et là seulement où ils peuvent être; si, enfin, les ayant discernés, il a eu sur le gouvernement allié assez de crédit pour obtenir qu'une politique commune en fût l'expression. Je voudrais être sûr, en un mot, que notre diplomatie ne s'est pas égarée, sous couleur de fidélité au pacte conclu, à la recherche ou à la remorque d'autres intérêts, que l'alliance n'avait pas pour but de défendre.

En définitive, ce que l'opinion a vu de plus clair, et même de seul clair, dans la constellation qui s'est levée à Cronstadt, c'est un rétablissement de l'équilibre européen. Il a paru aux plus simples comme aux plus avisés que cet équilibre, faussé depuis la Triple-Alliance, retrouvait enfin sa loi, par la vertu pour ainsi dire mécanique de contrepoids désormais coordonnés sur les flancs de l'Europe centrale. Et si, à cette heure historique, ce n'est pas l'idée de « revanche » qui a grisé les cerveaux, c'est au moins celle de garanties efficaces, non seulement contre toute agression, mais contre toute extension insolite de l'Allemagne. Je revois encore, messieurs, — car, de nos jours surtout, le dessin populaire apporte sa contribution à l'histoire — une charmante allégorie de ce temps-là. Elle est, je crois, signée Willette. Au second plan se profile le monstre germanique ; au premier, une accorte République le nargue, en vidant une coupe de champagne, sous la protection d'un ours galant. Fachoda a pu faire éclore un autre symbolisme, en général de goût moins sûr. Mais celui-là avait du moins le mérite d'être contemporain de l'Alliance, de refléter le sentiment originaire qu'elle inspira, et, laissez-moi vous le dire, d'interpréter un état d'âme que, depuis, les ministres et même la nation ont beaucoup trop oublié. (*Très bien, sur quelques bancs.*)

M. LASIES. — Ce n'est pas la nation qui a demandé à aller à Kiel !

M. X***. — Sans doute, mais ce sont ses représentants qui ont permis qu'elle y allât... (*Rumeurs.*)

M. LE MINISTRE DES AFFAIRES ÉTRANGÈRES. — Je vous demande pardon... Vous parlez consolidation de l'équilibre européen, échange de garanties, communautés de vues... Mais l'alliance franco-russe, c'est bien cela, toujours...

M. X***. — Je vous demande pardon à mon tour, Monsieur le Ministre, ce n'est plus tout à fait cela.

C'eût été cela, — et vous le savez mieux que personne — si,

fortifiée de notre alliance, la Russie eût persévéré dans ses voies traditionnelles. Le testament de Pierre le Grand n'est rien moins qu'authentique ; mais rien en revanche n'est mieux établi que la fidélité de la Russie, jusque vers la fin du xix⁰ siècle, à la politique du fondateur de sa prospérité. C'était la politique qui visait à abattre le Croissant, sur la péninsule balkanique, et à substituer à la semi-barbarie turque — devenue barbarie complète depuis que les puissances financières s'intéressent à l'intégrité de l'Empire Ottoman — à lui substituer, dis-je, la civilisation slave orthodoxe, dont le foyer, il faut le reconnaître, est à Saint-Pétersbourg.

La vieille école diplomatique a toujours considéré ces vues comme démesurément ambitieuses, incompatibles avec l'équilibre européen de son temps. Elle suscita à la Russie la guerre de Crimée. Vingt-cinq ans plus tard, en 1878, après la chute de Plevna et le traité de San-Stefano, une autre coalition se forma. Cette fois c'étaient les deux Empires de l'Europe centrale, de complicité avec l'Angleterre, qui, sous la haute inspiration du prince de Bismarck, prenaient en main les intérêts turcs. Et les armées du Tsar, un instant campées aux portes de Constantinople, durent repasser, sous les fourches caudines du Congrès de Berlin, le Balkan et le Danube qu'elles avaient rougi de leur sang...

C'est une page d'histoire que les vrais Russes n'oublient pas...

M. René Viviani. — Il y en a donc de faux ?

M. X***. — Peut-être... (*Murmures.*) On comprend que pendant la période — du traité de Berlin au toast de Cronstadt — où la France et la Russie restèrent isolées, cette dernière puissance, d'ailleurs incessamment contrecarrée sur le Balkan par les intrigues austro-germaniques, ait évité de se mêler à la question d'Orient. Mais on eût mieux compris encore, au lendemain de l'Alliance, que les deux nations se missent d'accord pour acheminer cette question vers sa solution légitime. Car d'une part, j'imagine qu'en nous alliant à la Russie, nous avons répudié implicitement, mais radicalement, la politique de la guerre de Crimée. Et, de l'autre, on savait très bien à Pétersbourg, on devait savoir à Paris, que les efforts presque séculaires de la diplomatie, pour éloigner de Constantinople l'influence russe, n'avaient abouti qu'à y préparer la suprématie des Hohenzollern.

L'intérêt commun était là ; le terrain commun était là. L'alliance franco-russe, quelques rameaux d'olivier qu'on eût déposés sur son berceau, pouvait et devait consacrer les premières manifestations de sa vitalité aux affaires balkaniques. Si elle l'eût fait, on eût peut-être évité les massacres d'Arménie, et notre diplomatie ne servirait pas, comme il arrive aujourd'hui, de plastron aux graves plaisanteries d'Abdul-Hamid... (*Mouvements divers.*)

Si elle l'eût fait, la conquête méthodique de l'Empire Ottoman, par les sujets de l'empereur Guillaume II, aurait été entravée : et par là surtout l'Alliance eût rendu à la France, à la Russie, voire à l'équilibre universel, les services auxquels elle était apte et que ses partisans de la première heure avaient entrevus. (*Assentiment.*)

Or, messieurs, non seulement telle n'a pas été — et vous en avez mille preuves — l'orientation de la politique franco-russe, mais nous sommes réduits à nous demander si cette politique a une orientation? Ce qui en fait douter, précisément, c'est que toutes les tendances de la Russie contemporaine la portent vers une région où nous n'avons presque pas d'intérêts communs ; c'est que, loin de s'inspirer des besoins auxquels le pacte d'alliance était censé répondre, elles témoigneraient plutôt, par leur indépendance, de l'inexistence d'un pacte. Tranchons le mot : si l'on perd la trace de la politique franco-russe, on relève, en revanche, à des signes non équivoques, celle d'une politique spécifiquement russe, — qui n'a plus guère d'autre théâtre que le continent asiatique.

M. LE MINISTRE DES AFFAIRES ÉTRANGÈRES. — Vous ne redoutez pas les généralisations...

M. X***. — Cette évolution, messieurs, dont M. le Ministre a été le témoin impuissant ou trop réservé...

M. LE MINISTRE DES AFFAIRES ÉTRANGÈRES. — Mais non !

M. X***. — Je vous en ferai le tableau, puisqu'il la conteste...

Ce n'est pas, du reste, vous convier à l'étude d'un phénomène issu du caprice d'un chancelier ou d'une infidélité aux engagements pris vis-à-vis de la France. Il s'agit, au contraire, d'un phénomène naturel, successif, qui, sans s'imposer, se justifiait aisément, au point de vue russe, et contre lequel c'était à la diplomatie française de se prémunir.

Il se fonde d'abord sur l'affinité géographique. Un Empire dont la base d'opérations, en Asie, est presque aussi profonde qu'étendue, inexpugnable, de surcroît, n'a pas à hésiter sur le choix d'une politique coloniale. A partir du moment où il subit, lui aussi, la contagion de cette politique, et où il trouve des capitaux pour construire des voies ferrées, l'Asie se présente à lui comme le champ naturel de son expansion. Il subit l'attraction d'un continent immense, où l'on peut lui disputer la place, mais non le faire descendre du premier rang.

La période d'engouement, dans toute l'Europe, pour la politique coloniale — engouement auquel cette Chambre, comme ses devancières, a payé un large tribut...

M. DOUMERGUE. — Faites, je vous prie, des exceptions... (*Applaudissements à gauche et à l'extrême-gauche.*)

M. X*** — Cette période a coïncidé avec celle où la Russie, contrecarrée dans les Balkans par l'Allemagne et l'Autriche-Hongrie, humiliée devant la Porte, désavouée quelquefois par ses propres obligés, s'est prise à douter de sa vocation historique. Elle s'est demandé si l'avenir qu'avaient entrevu pour elle Pierre le Grand, la grande Catherine, Alexandre II et Alexandre III était bien celui que la destinée lui réservait. Il s'est trouvé d'habiles gens, là-bas, pour faire leur procès à la tradition et à l'idéalisme national; comme chez nous, ils ont attendu l'heure où le sentiment de la revanche s'était affaissé; et, comme chez nous, les influences qui ont fini par peser sur la politique du pays ne furent pas toujours les influences du pays... L'influence allemande par exemple... (*Bruit.*)

M. LE MINISTRE DES AFFAIRES ÉTRANGÈRES. — Je ne puis m'empêcher de vous prévenir que ce langage prête à certaines interprétations...

M. X***. — Monsieur le Ministre, il n'y a rien d'étrange à ce que la Russie, qui a reçu de l'Allemagne les rudiments de la civilisation administrative et militaire; où de nombreuses familles d'origine allemande se partagent, de père en fils, les charges les plus enviées, se prête, plus qu'il ne serait souhaitable, peut-être, aux infiltrations de l'influence allemande — quand nous, qui nous sommes civilisés tout seuls, et dont l'histoire atteste la rivalité héréditaire avec la race germanique, avons laissé la même influence s'installer à Paris, dans les milieux financiers, dans la presse et jusque dans les ministères... (*Protestations.*) Vous n'avez pas intérêt, je vous assure, à me prier d'être plus explicite.

M. LE PRÉSIDENT. — Je prie l'orateur de se renfermer dans les termes de son interpellation...

M. X***. — Vous savez fort bien que, dans les hautes sphères de Saint-Pétersbourg, on parle couramment du « parti allemand ». Et l'on entend par là une école, un monde, si vous voulez, qui prend, consciemment ou non, la défense des intérêts germaniques, en soutenant qu'ils sont compatibles avec les intérêts russes. Seulement cette compatibilité-là n'est démontrable qu'à une condition : c'est que la Russie oriente sa politique vers un point où elle ne risque pas de rencontrer l'Allemand. En Asie, on peut l'éviter. Sur le Balkan, en Europe, on se heurterait à lui. (*Mouvements divers.*)

J'ajoute que cette école ne pouvait manquer d'être appuyée par un autre groupe d'utilitaires, auxquels l'esprit du temps ménage partout un crédit considérable. Autant le monde des affaires — je me sers à dessein de l'expression la plus compréhensive — répugne à une solution radicale de la question classique d'Orient, autant il s'intéresse à la politique asiatique. En molestant l' « Homme malade », on risque de troubler, du même coup, la quiétude de ses créanciers et de ses infirmiers à gages. (*Très bien, sur quelques bancs.*) La conquête pacifique ou soi-disant telle de l'Asie, loin d'alarmer les intérêts, met au contraire en branle l'énorme et laborieuse machine qui commence par distribuer concessions, fournitures, dividendes ou courtages, en attendant qu'elle ouvre, suivant la formule emphatique et consacrée, un nouveau champ à l'activité humaine... (*Salve d'applaudissements sur les bancs socialistes.*)

Nos pères s'indignaient, messieurs, de ce qu'on appelât la philosophie : *ancilla theologiæ.* Mais, comme notre génération ne voit pas d'inconvénients à ce que la diplomatie devienne de plus en plus *ancilla pecuniæ...* (*Nouveaux applaudissements ; Oui, oui ! à l'extrême-gauche.*)

M. Lasies. — Ce latin-là a raison ! (*Rires.*)

M. le Ministre des Affaires étrangères. — Je ne puis pas vous laisser dire que la diplomatie est au service de l'argent... (*Oh ! Oh ! sur plusieurs bancs.*)

Mʳ Marcel Sembat. — On demande là-dessus l'opinion des héritiers Lorando ! (*Bruit.*)

M. le Comte Albert de Mun. — M. le Ministre nous a crié lui-même, il y a quelques temps : n'incarnez plus *Don Quichotte* ! (*Applaudissements à droite. Rumeurs au centre.*)

M. X***. — Je dis, messieurs, et je répète — en d'autres termes, si vous voulez — qu'en Russie comme ailleurs les conceptions et les intérêts du monde des affaires pèsent lourdement dans la balance de la politique nationale... Croyez-vous donc qu'on y soit plus vertueux qu'aux bords de la Seine ? (*Agitation.*) Demandez à M. le Ministre, qui joint l'expérience du pavillon de Flore à celle du Quai d'Orsay, si un homme d'État, de nos jours, serre plus souvent la main des diplomates que celle des financiers? (*Mouvement prolongé.*)

M. Fournière. — Les diplomates eux-mêmes sont des financiers ! (*Réclamations.*)

M. X***. — La Chambre me permettra de continuer ces explications... J'ai cherché jusqu'ici à lui rappeler les divers agents qui ont frayé à la Russie une carrière asiatique. C'est sur l'état de cette carrière que j'appelle maintenant son attention.

Quelques surprises que puisse encore réserver le problème chinois — je ne dis pas seulement à notre génération, mais à nos arrière-neveux — un point, dès maintenant, paraît certain. La Russie est la puissance à la fois la plus engagée dans ces affaires, et la mieux outillée pour en tirer parti. Le Transsibérien, prolongé par le chemin de fer de Mandchourie, sera un instrument de paix ou de guerre plus efficace que toutes les flottes du monde. La Russie voit donc s'ouvrir devant elle, en Extrême-Orient, des perspectives que vous me permettrez d'appeler privilégiées. Elles n'en sont du reste que plus absorbantes, et, tout justement, l'annexion de la Mandchourie, qui donnerait lieu à la réouverture de la crise, est la « pensée du règne » de M. Witte, ministre des Finances.

A ces perspectives pourtant le gouvernement impérial ne sacrifie pas les intérêts plus anciens que, depuis un demi-siècle, il se ménage sur le chemin des Indes — et, par exemple, en Afghanistan. Un journal de Berlin, qui prétend avoir obtenu, au lendemain de la mort de l'émir Abdul-Rhaman, une *interview* du chef d'état-major de l'armée russe, lui a prêté ce propos : « S'il le fallait, nous serions à Caboul avant l'Angleterre. »...

PLUSIEURS VOIX. — Tant mieux !

M. X***. — Je ne sais quand se posera la question de Caboul. Mais il est probable, en effet, qu'elle ne trouvera pas la Russie au dépourvu. L'Afghanistan est donc encore, pour nos alliés, un foyer de politique militante. Sa conquête est d'ailleurs la « pensée du règne » de M. le général Kouropatkine, ministre de la Guerre. (*Mouvement.*)

Je vous prie maintenant de considérer, un peu plus à l'Ouest, la position de la Perse, et les tentations qu'elle peut, qu'elle doit suggérer à la Russie. C'est un pays qui, sans organisation militaire sérieuse, lui offre la route la plus courte pour atteindre l'Océan Indien et la vallée de l'Indus, en tournant l'Afghanistan. C'est la région où le continent asiatique présente la moindre épaisseur entre les territoires soumis à la Russie et la mer méridionale. Elle a été longtemps le théâtre d'une lutte d'influences entre l'Angleterre et nos alliés. Elle l'est encore. Il y a quinze ans, les finances persanes étaient aux mains des Anglais. Mais en 1900, un établissement russe, la *Banque de Prêts*, a avancé au gouvernement du Schah une somme de 22 millions et demi de roubles, sous la condition que ce gouvernement liquiderait toutes ses obligations antérieures vis-à-vis de l'étranger et ne contracterait aucun nouvel emprunt extérieur, avant d'avoir amorti cette dette nouvelle. Financièrement, la Perse est donc désormais sous la tutelle et le contrôle de la Russie.

UNE VOIX A L'EXTRÊME-GAUCHE. — Nous avions cru, jusqu'ici, que la Russie empruntait et ne prêtait pas...

M. X***. — Cela dépend du méridien... (*Rires.*) Quant aux initiatives dont le but est de pourvoir de moyens de transport et de ravitaillement l'immense base d'opérations, la zône de préparation, si vous voulez, de la politique asiatique, la liste en est longue. Le gros œuvre du Transsibérien est terminé. On travaille à la ligne de Mandchourie. Le Transcaspien, qui n'est construit que jusqu'à la frontière afghane, par Merv et la vallée du Mourgab, sera prolongé jusqu'à Hérat. Le réseau du Trans-caucasien... (*Interruptions.*)... Mon Dieu, oui, messieurs, il faut vous familiariser avec ces noms et même avec ces choses : je vous montre l'action russe où elle est !... (*Parlez, parlez.*) Le réseau du Transcaucasien va être complété par des lignes se dirigeant sur Erivan et Tauris. On étudie le projet d'un nouveau canal des Deux-Mers, d'Astrakan, sur la Caspienne, à Taganrog, sur la mer d'Azov...

Remarquez du reste, messieurs, que jusqu'ici j'ai constaté sans commentaires... (*Plusieurs voix à l'extrême-gauche : Nous les faisons pour vous !*) Je ne m'attache qu'à vous faire entrevoir l'ampleur du programme asiatique de la Russie. Je me borne à dessiner à grands traits, sous vos yeux, ce front d'opérations qui se développe du Pacifique au Caucase, et qui tend de plus en plus à former angle saillant vers trois points : la Mandchourie, porte de la Chine; Caboul, clef des Indes ; la Perse, zône d'accès à l'Océan Indien. Si j'étais Russe, je me laisserais peut-être éblouir, comme tant d'autres, par l'immensité de ces horizons politiques et économiques. Je serais peut-être l'adepte de cette forme d'impérialisme, qui ne le cède point, par l'étendue des ambitions, à l'impérialisme britannique; qui l'emporte même sur celui-ci par l'homogénéité du plan — fille, du reste, de l'homogénéité géographique... : Seulement, je trouve, dans cet impérialisme-là, de quoi occuper plusieurs générations, absorber des capitaux immenses, monopoliser, si l'on peut dire, pendant un demi-siècle, la politique d'un grand État. Je commence à m'expliquer, dès lors, pourquoi la Russie reste impassible devant certains événements qui ont pour théâtre les Balkans, l'Égypte, l'Arménie, à plus forte raison le Transvaal, — car je la vois engagée exclusivement ailleurs. Et, Français, je me demande si c'est bien en vue de faire figure d'associés dans la grande entreprise asiatique, si c'est pour permettre à notre gouvernement d'en encourager le dessein, que nous avons conclu et acclamé l'Alliance? (*Très bien, sur plusieurs bancs à droite et à l'extrême-gauche.*)

M. LE MINISTRE DES AFFAIRES ÉTRANGÈRES. — Vous ne contesterez pas que nous n'ayons des intérêts communs en Extrême-Orient...

M. X***. — Des intérêts communs, Monsieur le Ministre? Entendez-vous par là que nous pouvons nous prêter une assistance réciproque, nous rendre des services d'allié à allié dans le règlement de la question chinoise? (*M. le Ministre fait un signe d'assentiment.*) C'est possible. Je vous ferai remarquer toutefois que nulle part ces services ne sont plus limités par les intérêts et le contrôle des tiers. Et vous savez mieux que moi ce qu'il faut entendre par tiers, quand une question surgit en Extrême-Orient! C'est presque toute l'Europe, renforcée du Japon et des États-Unis. Et précisément, il y a quelques semaines, un événement dont vous vous êtes dispensé d'entretenir la Chambre, tout grave et tout inopiné qu'il soit, montre à quels périls s'exposerait l'alliance franco-russe, si elle voulait faire, en Extrême-Orient, l'épreuve de son efficacité. Elle aurait à compter non seulement avec le syndicat latent des autres puissances, mais avec une alliance ferme, conclue d'hier, celle de l'Empire britannique et du Japon. Je vous crois, Monsieur le Ministre, trop de sagacité et surtout trop de prudence pour méconnaître la portée de cet avertissement.

UNE VOIX A DROITE. — Nous avons jeté le Japon dans les bras de l'Angleterre.

M. X***. — Mon honorable interrupteur a parfaitement raison. Non seulement la politique asiatique, si elle constitue la « pensée » de l'alliance franco-russe, est la plus téméraire de toutes, puisqu'elle opérerait à miracle, contre les deux pays, la concentration des défiances. En fait, il a suffi qu'elle se dessinât pour éloigner de nous la seule puissance civilisée et désormais militaire d'Extrême-Orient. Le Japon, jusqu'à ces dernières années, était un ami de la France. La politique asiatique des Russes, ou plutôt d'une certaine école russe, en alarmant les intérêts japonais, a fait passer cette force dans un autre jeu. (*Très bien, sur plusieurs bancs.*)

M. LE MINISTRE DES AFFAIRES ÉTRANGÈRES. — Vous savez que j'aurais beaucoup à répondre.

M. X***. — La Chambre vous aurait peut-être su gré de prendre les devants. (*Marques d'assentiment.*) Et je vais plus loin. Ce n'est point assez que la même politique nous compromette vis-à-vis d'amis naturels et traditionnels. Elle permet aux rivaux de notre influence séculaire en Orient et en Extrême-Orient de s'installer sur les routes même qui y conduisent. Elle autorise une puissance, dont les aspirations coloniales sont aussi ambitieuses que récentes, à se faufiler méthodiquement le long de notre ligne de communications avec le continent asiatique. Ce point encore me paraît digne de toute l'attention de la Chambre. (*Mouvements divers.*)

Je ne sais, messieurs, s'il est une page d'histoire contemporaine plus instructive que celle qui retrace la carrière de la race germanique, depuis une vingtaine d'années, à travers le territoire et presque toutes les couches sociales de l'Empire Ottoman. Si l'on avait dit à la génération de Thiers et même à celle de Gambetta que leur descendance immédiate, dès le début du xxᵉ siècle, trouverait, véritablement gîté chez le Turc, l'Allemand devenu son confident, son courtier, son banquier, son instructeur militaire, son agent-voyer, et même son directeur de conscience politique...

M. Fournière. — Ce directeur a la manche large...

M. Camille Pelletan. — Les malheureux Arméniens y ont passé... (*Mouvement.*)

M. X***. — Si l'on avait ajouté que l'influence et la main des Allemands ne se feraient pas seulement sentir dans les provinces européennes de l'Empire, ni dans les palais du Sultan; mais qu'elles sauraient se glisser, avec une rapidité incroyable, jusqu'au fond de l'Asie Mineure, en frôlant des ruines babyloniennes, le long des routes suivies par Alexandre... ; si, enfin, un évocateur avait montré ces routes transformées en voies ferrées, de conception allemande et d'intérêt allemand — cette génération eût été stupéfaite, même au lendemain du traité de Francfort, que nos revers pussent avoir, sur un théâtre si éloigné, un écho si sonore et relativement si prompt. (*Sensation.*)

On dirait qu'arc-boutées aujourd'hui, du côté de l'Occident, à la frontière des Vosges, l'Allemagne impériale, l'Allemagne économique, l'Allemagne des ingénieurs et même des émigrants, s'élancent à la conquête d'un monde nouveau, sûres d'être appuyées, s'il le fallait, par l'Allemagne-soldat.

Chacun marche à son rang et avec résolution. Tous les efforts se coordonnent, comme s'ils émanaient d'un centre propulseur. Les militaires réorganisent les services de l'armée turque — même en Tripolitaine, sur les frontières de la Tunisie. Les diplomates conseillent et rassurent Abdul-Hamid. Sur le territoire de la Porte, partout où passe un courtier allemand, reste la trace de deux hommes : un courtier — et un Allemand. (*Sourires.*) Les autorités n'ont que des égards pour l'un et l'autre. La haute Banque allemande est prépondérante à Constantinople : elle n'a pas besoin, je vous prie de le croire, de sommations d'escadre pour faire reconnaître ses créances... (*Très bien, sur plusieurs bancs.*) Le souverain lui-même, vous le savez, en 1898, a donné de sa personne. Il s'est conféré à lui-même une mission qui n'était pas sans écueils; il a foulé la terre de Palestine et posé, à Damas, sa candidature au rôle de protecteur de l'Islam...

M. Édouard Drumont. — Parsifal! (*Agitation.*)

M. le Président. — Monsieur Drumont, je vous rappelle à l'ordre... (*Réclamations.*)

M. X***. — M. Drumont a peut-être tort... Croyez-le, messieurs : une grande nation a quelquefois besoin d'un Empereur, qu'un pèlerinage d'Orient n'effraie pas, et qui sache prendre, à cheval, une pose de caractère... (*Rires et bruit.*) Les Parisiens et les Turcs n'ont pas le même genre d'imagination. (*Hilarité.*)

Une voix a droite. — C'est de la politique extérieure en bottes à l'écuyère! (*Nouvelle hilarité.*)

M. X***. — La meilleure se fait sur rails... Vous savez, messieurs, que la plupart des chemins de fer ottomans, sur le territoire européen, sont entre les mains allemandes, orientés dans le sens de l'expansion allemande. Leur réseau aboutit à Constantinople. D'ici quelques années, il s'étendra beaucoup plus loin. Une voie ferrée ininterrompue se déroulera du port d'Haïdar-Pacha, dès aujourd'hui concédé à des Allemands, sur la côte orientale du Bosphore, jusqu'à l'embouchure du Chat-el-Arab. Cette jonction du Bosphore au golfe Persique a été étudiée par des ingénieurs et contrôlée par des attachés militaires allemands. La signature apposée au bas de la concession, en décembre 1899, est d'ailleurs celle d'un Allemand, M. Siemens, déjà président du Conseil d'Administration des chemins de fer d'Anatolie.

M. Marcel Sembat. — M. le Ministre des Affaires étrangères avait oublié de nous renseigner là-dessus.

M. X***. — Ce n'est pas un vulgarisateur... (*Rires.*)

M. le Ministre des Affaires étrangères. — J'ai à faire une observation. La Société concessionnaire du chemin de fer dont vous parlez est une société internationale, et il a été stipulé, dans la convention, que le 40 pour 100 de son capital serait réservé aux souscripteurs français. Ce résultat est dû aux efforts de notre diplomatie.

M. X***. — C'est exact. Tout le monde sait d'ailleurs qu'en Turquie aucune initiative de ce genre ne peut réussir, si elle ne se couvre du masque international. Mais qu'est-ce que cela prouve? Que notre diplomatie, ayant éventé une affaire fructueuse, est parvenue à en faire profiter, dans la mesure du 40 pour 100, quelques grands établissements parisiens et leur clientèle. (*Réclamations. Mouvements divers.*) Il n'y a rien de plus, messieurs.

M. le Ministre des Affaires étrangères. — Il fallait alors se croiser les bras? Si nous n'avions pas réservé, dans la Société internationale, une part aux capitalistes français, vous auriez dit que nous abandonnons le terrain à nos adversaires! (*Très bien, à gauche et au centre.*)

M. X***. — Je dis, Monsieur le Ministre — et vous allez comprendre combien nos points de vue diffèrent — je dis qu'en matière de voies ferrées il faut considérer moins la nationalité des capitaux...

Plusieurs voix a l'extrême-gauche. — Vous savez bien que le capital est sans patrie!

M. X***. — Eh bien! raison de plus! (*Rumeurs.*) Je dis qu'il faut moins considérer la nationalité apparente des capitaux que le tracé de la ligne, sa fonction politique et économique, la révolution qu'elle opère ou qu'elle prépare sur la carte du monde. L'origine de l'argent n'exerce qu'une faible influence sur l'esprit de l'exploitation. Elle ne change rien d'essentiel au plan et aux résultats de l'œuvre. (*Très bien, sur plusieurs bancs.*) Et j'ajoute que, soumise à ce *criterium,* une ligne du Bosphore au golfe Persique, qu'elle soit construite avec des capitaux français, belges, russes, anglais, américains, peu importe, ressortira toujours, aux yeux de l'économiste et à plus forte raison de l'homme d'État, comme une œuvre d'intérêt allemand!

Ma raison c'est que cette ligne se soude, par le Bosphore, aux voies qui mettent en communication directe Constantinople avec Vienne, avec Berlin, avec les ports de la mer du Nord, avec le grand foyer industriel germanique; c'est que la voie à construire et les voies déjà construites formeront un *tout,* une sorte d'entité d'incalculable importance politique et commerciale, déjà désignée sous le nom de chemin de fer de Hambourg aux Indes; c'est qu'en effet cette artère, étant la plus courte de l'Occident aux Indes, donnera aux produits allemands une prime de pénétration sur les nôtres, sans parler d'une prime d'influence qui résiste à toute évaluation...

M. LE MINISTRE DES AFFAIRES ÉTRANGÈRES. — Je répète ma question : que fallait-il faire?

M. X***. — Il fallait, Monsieur le Ministre, que votre ambassadeur consultât la carte, au lieu de conférer avec les chefs de grands établissements financiers... (*Applaudissements à droite et à l'extrême-gauche.*) Il fallait, au lieu d' « entrer dans l'affaire », déployer les ressources de métier pour qu'elle avortât. En Turquie, on met difficilement quelque chose sur pied...

M. CAMILLE PELLETAN. — Surtout les réformes!

M. X***. — Mais on fait échouer tout ce qu'on veut. Seulement, dans les mœurs actuelles, quand surgit une question de cet ordre, on ne compte ni avec la géographie, ni avec les déviations inévitables des courants commerciaux, ni même avec les intérêts politiques... On s'imagine au contraire que la fin de la politique est d' « entrer dans l'affaire ». (*Applaudissements prolongés à l'extrême-gauche.*) ...Et, quand on y est parvenu, on s'en vante... (*Rumeurs diverses.*)

Je reconnais, du reste, que pour conjurer la mainmise des Allemands sur les ressorts de l'Empire turc, notamment pour

faire échouer la concession d'une ligne qui doit desservir les propriétés particulières du Sultan, et apporter aux populations jusqu'aux bienfaits du *Crédit agricole....* (*Comment cela? sur plusieurs bancs.*) Mais parfaitement, messieurs, sur la section déjà construite, entre Haïdar-Pacha et Konieh, le personnel est autorisé à faire des prêts sur denrées aux cultivateurs du voisinage ; — je reconnais que le concours du gouvernement russe eût été singulièrement précieux. Seulement la Russie, si elle n'est pas, comme nous, « entrée dans l'affaire », n'était guère disposée à mettre au jeu pour que le plan de l'Allemagne échouât. La paix avec l'Allemand c'est à la fois la condition et la récompense de l'exode de toutes ses forces vives vers l'Asie orientale et centrale. Du reste, en jetant les fondements d'un nouvel empire colonial, la chancellerie de Berlin ne se porte pas sur ses routes, mais sur les nôtres...

M. Denis Cochin. — Il nous reste la route de Suez.

M. X***. — Vous savez bien, mon cher collègue, qu'en cas de guerre nous n'y passerions qu'avec la permission des Anglais. (*C'est vrai! à droite.*) De sorte que, pour atteindre à cet Extrême-Orient, où nous avons, dit M. le Ministre, de si pressants intérêts, je discerne fort bien la route russe : c'est le Transsibérien ; — la route britannique : c'est le canal ouvert par M. de Lesseps et dont l'Angleterre garde âprement les abords ; — la route allemande : ce sera le chemin de fer de Hambourg à Constantinople et à la mer d'Oman. Ce que je ne discerne pas, c'est la route spécifiquement française... Mais une consolation nous reste : nous sommes « entrés dans l'affaire » ! (*Sensation. Applaudissements sur un grand nombre de bancs.*)

Messieurs, avant de comparer, sur un autre théâtre, le rôle muet de l'alliance franco-russe à celui qui semblait écrit pour elle ; avant de passer à un nouvel examen de ce qui fut et reste possible, et de ce qui n'a pas été fait, la Chambre me saura gré, sans doute, d'une pause au milieu des réalités.

Ces réalités, vous l'entendez de reste, ressortent du bilan économique de l'Alliance. (*Mouvements divers.*) Veuillez vous rassurer : le sujet est trop ample pour que je prétende l'imposer à votre attention sous tous ses aspects. Je me bornerai aux plus actuels et aux plus saillants. (*Signes d'attention.*)

M. de Bismarck, qui s'y entendait, professait alternative-
ment, suivant les besoins de sa politique, deux théories contra-
dictoires, touchant les services économiques que s'entre-doivent
des nations alliées. Au temps, par exemple, où il cherchait à
fonder la Triplice, il faisait valoir, auprès des gouvernements
de Vienne et de Rome, que l'état d'alliance comporte de nécessité un régime de concessions douanières. Quand, plus tard,
il jugea la Triplice consolidée ; quand, surtout, il eut à compter
avec les exigences naissantes du protectionnisme allemand, il
essaya de soutenir — sans grand succès, du reste — qu'il exis-
tait une certaine raison d'État, indépendante des considérations d'ordre matériel.

Son successeur actuel, M. de Bülow, paraît bien rallié — au
moins dans la forme — à cette seconde théorie, puisqu'ayant
à renouveler, en 1903, et la Triplice, et les traités de commerce
avec l'Autriche-Hongrie et l'Italie, il tend d'une main à chacune de ces puissances la minute d'un nouveau bail politique ;
de l'autre, un tarif de douanes qui s'inspire des principes d'un
protectionnisme outrancier.

Seulement, ni M. le comte Goluchowski, au nom du gouvernement austro-hongrois, ni M. Luzzatti, conseiller du gouvernement italien, ne consentent à retirer à la fois les deux pièces.
Et l'on sait d'avance que M. de Bülow fera *in extremis* toutes
les concessions douanières auxquelles le renouvellement de la
Triplice est subordonné. (*Mouvement.*)

Je ne veux retenir de ceci qu'un point : c'est l'importance
que prennent de plus en plus les intérêts commerciaux dans
les négociations relatives aux pactes politiques. Les diplomates
appelés à débattre les destinées de la Triplice — et la Triplice,
ne l'oubliez pas, est une conception qui ne le cède, ni en pro-
fondeur, ni en portée, à l'alliance franco-russe — ces diplomates se jugent certainement auréolés du prestige qui convient
à des arbitres de la situation européenne. Mais ils n'en serrent
pas moins de fort près ce que vous me permettrez d'appeler
les intérêts de caisse, et, dans l'intimité de leurs délibérations,
je penche à me les figurer quelquefois sous les traits d'augus-
tes notaires.

Rien n'évoque, messieurs, l'image rectiligne du notariat,

dans l'histoire de l'alliance franco-russe. (*Sourires.*) On ne s'est jamais demandé, chez nous du moins, quels avantages d'ordre économique étaient susceptibles d'être greffés sur le pacte d'alliance. C'est à peine si aujourd'hui, au bout de cinq ans, et sous l'aiguillon de la mévente des vins, on commence en France à compulser les tarifs russes. (*Nombreuses voix : Très bien, très bien!*) Cette façon de traiter et de suivre des affaires d'État est à peu près sans précédent dans les annales de ce siècle utilitaire. La remarque en a été faite mille fois, non seulement par les économistes, mais par les hommes d'esprit de l'étranger. On a dit que la France se comportait comme une amoureuse. On l'a comparée à la blonde Marguerite de Faust...

M. le Ministre des Affaires étrangères. — Ne développez pas ce thème à comparaisons.... (*Sourires.*)

M. Hubbard. — L'Alliance a été contractée sous le ministère de M. Méline!

M. Camille Pelletan. — C'était la dame Marthe de la situation! (*Hilarité prolongée à gauche.*)

M. X***. — A notre époque, où, dans le monde économique, le débouché a presque des autels — comme le *statu quo* a les siens dans le monde des chancelleries — à notre époque, chaque pays, en vérifiant l'état de sa balance commerciale, par rapport à un autre pays déterminé, aime à constater que l'écart n'est pas trop tendu entre ses importations et ses exportations.

Je ne suis pas partisan de la théorie d'après laquelle l'excédent des produits importés engendre à lui seul une sorte de créance de compensation, à faire valoir à l'échéance des traités de commerce. Je trouve qu'en assignant aux traités un idéal en quelque manière arithmétique, elle ne tient pas compte d'une foule de lois économiques et même naturelles qui jouent, dans le mouvement des échanges, un rôle autrement décisif que les tarifs douaniers.

Cependant, quand la disproportion est colossale; quand, par exemple, l'exportation peut se chiffrer par *sept* et l'importation par *un*, on est en droit de se demander si ce déséquilibre a des causes purement économiques ou naturelles, ou s'il n'en aurait pas aussi de douanières. Or, la balance de nos échanges avec la Russie s'exprime par les chiffres suivants : les produits russes entrent chez nous jusqu'à concurrence d'environ 280 millions par an. Nos alliés n'importent guère qu'une quarantaine de millions des nôtres...

M. LE MINISTRE DES AFFAIRES ÉTRANGÈRES. — Nos conventions commerciales avec la Russie datent de 1874 et de 1893. Elles sont par conséquent antérieures au traité d'alliance, et n'ont pas été modifiées depuis... (*Rumeurs.*)

M. X***. — Mais précisément, Monsieur le Ministre, je demande si le nouvel ordre de relations consacré entre la France et la Russie n'eût pas dû entraîner une révision des tarifs existants? (*Murmures sur quelques bancs.*) Je ne comprends pas ces murmures, messieurs. La conversation a bien porté sur des questions douanières, entre l'Allemagne, l'Autriche-Hongrie et l'Italie, soit au moment de la Triple-Alliance, soit en 1891, date de son premier renouvellement. Et vous savez combien elle est vive, en ce moment même, sur le même sujet. Aucune des puissances de la Triplice n'a pourtant à se plaindre, dans ses rapports avec les autres, d'une balance aussi défavorable que celle qui résulte de nos échanges avec la Russie. (*Très bien! sur plusieurs bancs à gauche.*)

M. LE MINISTRE DES AFFAIRES ÉTRANGÈRES. — Alors, c'est mon prédécesseur que vous interpellez?

M. X***. — Non, les nécessités même de mon sujet m'obligent à vous refuser cette joie. (*Applaudissements à droite. Bruit à gauche et à l'extrême-gauche.*) Je constate seulement que vous vous êtes abstenu de combler les lacunes de l'œuvre accomplie par le ministère Méline, et que vous léguerez à votre successeur, entre autres tâches délicates, celle de mettre au point le régime de nos relations douanières avec la Russie. (*Nouveaux applaudissements.*)

L'opinion et les circonstances vous ont pourtant fourni une occasion d'entamer cet indispensable entretien. Pendant le dernier séjour de S. M. le Tsar en France, la *Ligue viticole* et le Conseil général du Rhône, justement inspirés par une crise sans précédent, vous ont prié de vous faire leur interprète, en vue d'obtenir que le gouvernement russe se relâchât, vis-à-vis des vins français, de la rigueur de ses tarifs. Ces tarifs atteignent et souvent dépassent, vous le savez, messieurs, le chiffre exorbitant de 90 francs par hectolitre.

M. Alexandre Bérard. — Ce sont des droits prohibitifs.

M. X***. — Et l'opinion s'est justement demandé si, à titre d'exception et de privilège, eu égard à la misère de certaines contrées viticoles, le gouvernement ami et allié ne pourrait pas ouvrir plus libéralement sa frontière à nos produits. (*Très bien! sur un grand nombre de bancs.*)

M. le Ministre des Affaires étrangères. — Vous commettez une hérésie douanière. La clause de la nation la plus favorisée, dont nous jouissons en Russie, lie cet État vis-à-vis des autres pays comme vis-à-vis de nous-mêmes. Un privilège ne se comprendrait pas.

M. X***. — Ce sont pourtant de menues faveurs qu'on s'accorde entre pays de Triple-Alliance, et contre lesquelles ni vous, ni vos prédécesseurs, n'avez jamais efficacement réclamé. (*Mouvement.*)

M. le Ministre des Affaires étrangères. — Le Gouvernement attend vos explications.

M. X***. — Je viens en aide à votre mémoire.

Vers 1890, au temps — heureusement oublié — où une guerre de tarifs sévissait entre la France et l'Italie, la mévente sévissait aussi sur les vins italiens. Un des plus ardus problèmes qui se posaient alors au gouvernement de Rome était de substituer un nouveau débouché à celui que ces vins venaient de perdre en France. Eh bien! ce problème, la diplomatie italienne a su le résoudre, en s'aidant tout justement de l'état de ses rapports politiques avec l'Autriche-Hongrie. Elle stipula, en 1891, dans le traité de commerce contemporain du premier renouvellement de la Triple-Alliance, une petite et néanmoins très efficace *clausola*, dont voici l'économie. Pour l'Italie seule — j'insiste sur ce point, Monsieur le Ministre — la *clausola* abaissait à 4 florins 20 l'hectolitre le droit de 20 florins inscrit au tarif conventionnel austro-hongrois. La crise viticole n'a pas été résolue en Italie du premier coup : mais elle est allée s'atténuant. Et, depuis 1894, l'exportation annuelle des vins italiens sur l'Autriche oscille entre trente et trente-trois millions de francs...

Le gouvernement de Vienne était pourtant lié vis-à-vis d'autres pays, vis-à-vis de nous-mêmes, par la clause du traitement de la nation la plus favorisée. Il lui a substitué une *clausola*, et la diplomatie française a laissé faire. De sorte que, depuis dix ans, les vins italiens et les vins français qui devraient, d'après votre propre principe, franchir la douane austro-hongroise aux mêmes conditions, sont taxés : les premiers, environ 9 francs; les seconds, 42... (*Vif mouvement sur quelques bancs.*) Est-ce exact?

M. Ferroul. — Voilà comment nous défendons nos débouchés vinicoles!

M. X***. — La Chambre peut se souvenir, du reste, que, sous le ministère Casimir Périer, cette situation étrange fit l'objet d'une interpellation de M. Turrel...

M. Lasies. — Il n'y a pas eu de sanction, naturellement?

M. X***. — Oh! naturellement! (*Rires et exclamations.*)

M. le Ministre des Affaires étrangères. — Vous n'ajoutez pas que le gouvernement austro-hongrois nous a accordé une compensation?

M. X***. — Je la connais : il a renoncé à se prévaloir du régime des capitulations en Tunisie... La compensation est adéquate et relève singulièrement les affaires de nos viticulteurs! (*Exclamations. Bruit prolongé.*)

Était-il donc si difficile, Monsieur le Ministre, d'invoquer vis-à-vis du gouvernement russe le précédent fort connu de la *clausola*? Nous sommes aujourd'hui, au point de vue de la mévente des vins, dans la même situation que l'Italie méridionale en 1890...

M. le Ministre des Affaires étrangères. — N'exagérons rien. (*Violentes protestations sur plusieurs bancs.*)

M. Ferroul. — Allez donc à Béziers!

Une voix a gauche. — On ne vous croirait pas du Midi, vous!

M. Camille Pelletan. — Ce n'est qu'un Méridional des Pyrénées! (*On rit.*)

M. X***. — ...Et je me demande pourquoi vous avez résisté à mettre en mouvement, au profit d'une cause si intéressante, cette action diplomatique dont vous connaissez les ressorts?

(*Applaudissements.*) Je me demande même pourquoi le redressement d'une situation très remarquée, très critiquée, périlleuse, dans une certaine mesure, pour la popularité de l'Alliance, ne vous inspirerait pas une démarche de caractère plus pressant, un nouveau voyage en Russie, par exemple? (*Exclamations sur quelques bancs du centre.*) Mais parfaitement, messieurs, croyez-vous que les intérêts démocratiques ne méritent pas la sollicitude de M. le Ministre au même degré que certains intérêts financiers? (*Agitation.*)

M. LE MINISTRE DES AFFAIRES ÉTRANGÈRES. — Qui vous a dit qu'au cours de mon dernier voyage en Russie je m'étais occupé d'intérêts financiers?

M. MARCEL SEMBAT. — Dès votre retour, un nouvel emprunt russe était lancé sur la place de Paris! (*Applaudissements répétés à l'extrême-gauche.*)

M. X***. — Monsieur le Ministre, vous êtes, par nécessité d'état, le confident et l'intermédiaire presque obligé des projets d'emprunts de la Russie en France. Je ne vous le reproche pas. Mais l'opinion vous serait reconnaissante de montrer que vos déplacements peuvent aussi servir à autre chose... (*Applaudissements.*)

UNE VOIX A DROITE. — Le travail qui se fait au Quai d'Orsay n'a pas familiarisé le ministre avec les crises de surproduction. (*Hilarité.*)

M. X***. — ...Autrement, nous serons en droit de dire que les procédés qui entretiennent la confiance politique entre pays de Triple-Alliance ne sont pas de mise entre les deux nations sœurs! (*Très bien, à gauche et à l'extrême-gauche.*)

J'en ai fini, messieurs, de cette rapide incursion sur le domaine des traités de commerce et des tarifs. Il est un autre aspect de nos relations économiques avec la Russie sur lequel je ne puis me dispenser d'attirer votre attention.

Le libéral concours que notre épargne prête à ce grand État, sans nous créer de titres particuliers à sa gratitude... (*Protestations à l'extrême-gauche.*)

M. RENÉ VIVIANI. — Vous êtes généreux!

M. X***. — Mais non, messieurs, un prêt est un prêt.

M. RENÉ VIVIANI. — C'est plus souvent un service.

M. X***. — Ce concours est un phénomène trop grave, et désormais trop constant pour qu'il ne soit pas licite de l'envisager dans ses conséquences. Or, la plus claire, à mon avis, est que la politique asiatique, sur laquelle j'ai cru devoir vous donner mon sentiment tout à l'heure, a vécu financièrement des emprunts souscrits par notre épargne.

M. LE MINISTRE DES AFFAIRES ÉTRANGÈRES. — C'est une supposition.

M. X***. — Comment, une supposition! Si l'épargne française, au lieu de prêter une dizaine de milliards à l'État russe, avait imité la réserve des autres pays, croyez-vous que le Transsibérien serait construit; que la colonisation de la Sibérie, par le transport de milliers d'émigrants russes, suivrait son cours; que d'innombrables services administratifs et militaires auraient pu être organisés sur les frontières de la Mandchourie? Ne sentez-vous pas qu'il a fallu d'énormes capitaux pour donner le branle à cette politique asiatique, laquelle — à la bien examiner — se décompose en politique persane, en politique afghane, en politique transcaucasienne, en politique chinoise surtout, dont chacune a son budget? (*Très bien, très bien.*)

Je demande maintenant à M. le Ministre sous quelle forme notre pays, associé financièrement à cette lourde entreprise, retirera le prix de sa collaboration? Ce n'est pas sous la forme politique : je crois vous avoir démontré tout le contraire. Serait-ce sous la forme économique...?

Je ne le pense pas, messieurs, et par une raison bien simple. Nous sommes trop éloignés de ce marché, nous y rencontrerions des concurrents beaucoup trop favorisés par la simple affinité géographique, pour que notre industrie y trouve jamais un débouché proportionnel à l'exode de nos capitaux. C'est l'Allemagne, ce sont surtout le Japon et les États-Unis qui profitent dès à présent, qui profiteront surtout dans l'avenir des initiatives auxquelles ils n'ont pas contribué. Le Transsibérien, par exemple, n'est pas, sous ce rapport, une œuvre d'intérêt français. Des publicistes indépendants ont même douté qu'elle fût d'intérêt russe...

M. LE MINISTRE DES AFFAIRES ÉTRANGÈRES. — La proposition est paradoxale.

M. X.***. —. Pas autant peut-être que vous le pensez. Dans ces villes nouvelles de Vladivostok, de Port-Arthur, de Talien-Wan, le gouverneur et les fonctionnaires portent bien l'uniforme russe. Mais les Allemands, dont vous savez la puissance d'infiltration, y accaparent le commerce. Et avec qui trafiquent-ils? Avec le Japon, pour les denrées coloniales; avec les États-Unis, pour la plupart des produits manufacturés. Le *Novoïe Vremia* avouait, il y a quelques mois, que l'industrie américaine avait su s'assurer la fourniture des rails, des locomotives, du matériel quelconque qu'exigent la construction et l'exploitation du chemin de fer de Mandchourie. Et son correspondant de Washington soulignait : « On espère, aux États-Unis, qu'on saura s'assurer définitivement l'hégémonie commerciale dans ces régions de l'Asie. »

Nous parlons en ce moment affaires, messieurs, rien qu'affaires. Eh bien! si une loi de nature, mise en valeur par des concurrents plus favorisés et non moins habiles que nous, prédestine un marché, dont l'ouverture est due aux capitaux français, à être exploité surtout par les races germanique et anglo-saxonne, ne voyez-vous pas surgir, au profit de la France industrielle, un principe de compensation? (*C'est vrai! sur divers bancs.*)

Et serait-ce pousser trop loin ce principe que d'attendre de l'État russe, par exemple, qu'il réservât à nos chantiers et à nos usines — en ce temps de crise industrielle surtout — la meilleure part de ses commandes à l'étranger? (*Vifs applaudissements à l'extrême-gauche et sur quelques bancs à droite.*) La presse allemande qui, pour n'avoir pas l'ironie légère, l'a souvent très suggestive, a souligné qu'avant d'être notre hôte en France, en septembre dernier, S. M. le Tsar avait visité, dans le port de Dantzig, plusieurs croiseurs russes en construction...

M. le Ministre des Affaires étrangères. — Je pourrais vous citer aussi des commandes à l'industrie française... (*Bruit.*)

M. X***. — Pourriez-vous me dire si elles sont contemporaines de quelque emprunt russe couvert par la place de Berlin?... (*Applaudissements.*)

Une voix au centre. — On prend décidément le Ministre des Affaires étrangères pour un courtier... (*Bruyantes réclamations.*)

M. Charles Bernard (*ironiquement*). — Il finira par payer patente! (*Rires et protestations.*)

M. Zévaès. — Mais c'est toute la politique extérieure, ça! (*Réclamations prolongées.*)

M. le Président. — Messieurs, j'ai usé jusqu'ici, soit vis-à-vis de l'orateur, soit vis-à-vis des interrupteurs, d'une telle indulgence...

Une voix au centre. — Excessive...! (*Bruit.*)

M. X***. — Non, messieurs, je n'ai rien dit d'étrange. Je ne fais même qu'effleurer certaines questions dont chacune, en tout autre pays, aurait déjà fait l'objet d'un débat spécial à la tribune. Et quand je soutiens, modestement, que nous avons des titres à être mieux partagés, comme fournisseurs de la Russie; quand je formule des *desiderata* inspirés soit par la mévente des vins, soit par la crise industrielle, je ne crois pas me mettre en désaccord avec les dispositions intimes de cette Chambre. (*Très bien, sur un grand nombre de bancs.*)

M. Paul de Cassagnac. — Surtout à la veille des élections!

M. X***. — Elle dira plus tard si elle entend donner à ces *desiderata* une sanction. (*Mouvement.*)

Pour l'instant, vous me permettrez, ramenant le débat au niveau des considérations générales, de répéter la question que j'ai posée en commençant. Qu'il s'agisse de politique proprement dite ou d'avantages économiques, les dépositaires du principe de l'Alliance en ont-ils bien dégagé la formule d'intérêt commun? (*Très bien! sur quelques bancs.*) L'exclusivisme de certaines tendances de la Russie contemporaine, vers un continent où nos intérêts sont absolument disproportionnés aux siens, n'est-il pas de nature à faire réfléchir, non seulement le ministère qui est sur ces bancs, mais celui qui le remplacera?

Je le dis, messieurs, en partisan irréductible de l'Alliance. (*Très bien, à droite.*) Je le dis, parce qu'au sein de ce peuple français — dont le génie savait associer, pendant les belles périodes de son histoire, des vues généreuses au sens cultivé des réalités — je redoute de voir quelque jour se confondre contre elle, en un seul courant, les critiques des utilitaires et celles des idéalistes... Il faudrait craindre pour les destinées de l'Alliance, si jamais elle n'avait plus, chez nous, que des

partisans pour ainsi dire professionnels, ceux qu'on trouve
toujours dans les cercles ministériels et dans les bureaux...
(*Applaudissements sur les mêmes bancs.*) Et c'est pourquoi je
demande s'il ne faut pas semer, pour ainsi dire, sur un nouveau terrain, les germes d'une politique qui fasse la mesure
plus équitable aux aspirations et aux intérêts des deux peuples ;
qui soit, par cela même, plus spécifiquement franco-russe.
(*Mouvement.*)

M. le Ministre des Affaires étrangères. — Mais ce terrain,
où est-il ?

M. X***. — En Europe, Monsieur le Ministre.

Messieurs, en m'entendant énoncer que l'alliance franco-
russe devrait faire l'épreuve de son efficacité en Europe même,
vous avez redouté peut-être quelque apologie de la politique
de la « revanche » — apologie tout au moins inopportune,
et qui suffirait à justifier l'inquiétude dont M. le Ministre
des Affaires étrangères a donné tant de signes au cours de cette
discussion.

Veuillez vous rassurer. Ce dont Gambetta avait coutume
de dire : « N'en parlez jamais », j'en ai prononcé le nom pour
la première et la dernière fois. (*Mouvement.*) Tout au plus vous
avouerai-je, en passant, combien je reste frappé de l'évolution
dont la génération républicaine de 1870 a donné le spectacle.
Au lendemain de désastres qui, suivant l'opinion des hommes
du métier, auraient dû servir de douloureux épilogue au drame
militaire, cette génération ne désespéra ni de la trempe du
pays, ni de la fortune, et son patriotisme affolé proclama la
guerre à outrance... (*Agitation sur divers bancs.*) Je ne sais
comment elle a élevé ses fils et ses neveux... (*Nouvelle agitation. On crie : A l'ordre !*) Mais je constate une réaction si vio-
lente contre la tradition du 4 septembre qu'aujourd'hui un
certain patriotisme positiviste ne s'arrête même plus à l'idée
de déplacer la frontière des Vosges. Nous avons décidément
fait du chemin, de la Défense nationale à la Défense républicaine. (*Protestations.*)

Plusieurs voix a l'extrême-gauche. — Heureusement !

M. X***. — Je ne demanderai même que peu de comptes
à M. le Ministre de la part prise par la diplomatie qu'il dirige

à cette évolution. Depuis qu'il est membre du Gouvernement, il semble n'avoir rien épargné pour donner à l'alliance franco-russe au moins les apparences d'un ménage à trois, dans lequel le rôle d'ami est tenu avec une réelle virtuosité par l'Empereur d'Allemagne... (*Rires. Très bien, sur plusieurs bancs à droite.*) C'est même chez l'Empereur d'Allemagne que les conjoints se donnent quelquefois rendez-vous... à Kiel, par exemple. (*Nouvelle hilarité. Rumeurs.*)

M. DE BAUDRY D'ASSON. — Ne riez pas; il n'y a pas de quoi!

M. X***. — C'est l'Empereur d'Allemagne qui prend la direction des voyages en commun : en Chine, où le représentait le maréchal de Waldersee, par exemple. (*Murmures.*) Et si, comme on l'a souvent annoncé, il nous fait l'honneur de sa visite, ces messieurs, soyez-en sûrs (*L'orateur désigne le banc des ministres*), ne le retiendront pas à Compiègne, comme S. M. le Tsar. (*Salve d'applaudissements aux bancs nationalistes. Vives protestations à gauche et à l'extrême-gauche.*) C'est même de Paris qu'il enverra un de ses saluts coutumiers à S. M. le Tsar, dans quelque toast rappelant « qu'une des plus chères et des plus anciennes traditions de l'armée prussienne est de s'associer aux anniversaires de la Monarchie russe ». (*Bruit.*)

PLUSIEURS VOIX. — Assez! Assez!

M. X***. — Mais pourquoi pas, messieurs? Il l'a bien fait — de Metz! (*Bruit prolongé.*)

UNE VOIX AU CENTRE. — Quand, cela?

M. X***. — Je vous cite les termes mêmes du toast prononcé à Metz, le 18 mai 1901, par l'Empereur d'Allemagne, en présence de l'ambassadeur et de la mission militaire russes... (*Rumeurs.*) Il est juste d'ajouter que, quelques jours après, le même souverain levait son verre en l'honneur de notre armée, représentée à Berlin par le général Bonnal... Il a seulement oublié alors de rappeler les anciennes et chères traditions qui associent les Hohenzollern aux origines de la troisième République française... (*L'agitation continue.*)

Il est étrange, messieurs, que des faits, tous publics, qui, en leur temps, n'ont guère obtenu chacun que vingt-quatre heures de commentaires, vous causent une impression si vive, dès qu'on les présente groupés. Il m'a paru de quelque intérêt de les placer à nouveau sous vos yeux; mais je n'y insiste pas, et la seule conclusion que j'en tire n'est nullement pour déplaire à M. le Ministre lui-même.

Je le lui dis en toute sincérité : si l'on peut appliquer à nos relations actuelles avec l'Allemagne le mot par lequel Bismarck croyait pouvoir caractériser, vers 1890, celles que nous entretenions alors avec la Russie — « *Es ist nur flirt* (ce n'est qu'un flirt) » — flirtez tant qu'il vous plaira. (*Plusieurs voix : Mais non!*) Donnez à la courtoisie même au-delà de ce que pourraient tolérer certaines susceptibilités patriotiques... Mais agissez, par ailleurs, avec d'autant plus de sérénité, de fermeté, de constance, et qu'à ce flirt nos intérêts essentiels ne perdent rien !

Il est inadmissible que la France et la Russie, qui doivent à leur position géographique, aux qualités respectives de leur population, aux contrastes même de leurs conditions économiques et sociales, des moyens d'action immenses et merveilleusement variés — il est inadmissible qu'elles ne parviennent pas à modifier, à leur profit commun, la situation européenne. Si l'on vous dit, messieurs, que l'Europe politique de 1902 se peut représenter sous la forme d'un échiquier, dont toutes les pièces sont immobiles, ou plutôt immobilisées par le consentement universel au *statu quo*, ne vous fiez ni à ces images, ni à ces formules; et persuadez-vous bien, au contraire, que le temps d'épreuve de la diplomatie est celui qui s'écoule entre deux appels au soldat. (*Très bien, sur quelques bancs.*)

Quand je vous aurai rappelé, par exemple, comment l'Allemagne a su profiter de la paix pour conquérir une place privilégiée au soleil d'Orient; quand vous aurez considéré, la carte à la main, que la terre et les eaux ottomanes constituent matériellement le vaste carrefour où viennent encore aboutir les principales routes du globe — j'aurai suffisamment démontré, ce me semble, la nécessité pour l'alliance franco-russe, de s'affirmer à Constantinople par une politique soutenue, qui impose au Sultan et même à ses néo-protecteurs.

Vous ne penserez pas, messieurs, vous ne pouvez pas penser que la question de l'équilibre des influences dans l'Empire Ottoman soit résolue, du fait que MM. Lorando, Tubini et

Granet de la Société des Quais ont reçu des traites sur les douanes turques. (*Bruit.*)

M. LE MINISTRE DES AFFAIRES ÉTRANGÈRES. — On dirait que vous n'avez pas lu en entier la liste des revendications de la France, et que vous ignorez que nous avons reçu satisfaction sur tous les points...

M. MARCEL SEMBAT. — Y compris la reconnaissance du patriarche chaldéen! (*Rires à l'extrême-gauche.*)

M. DEJEANTE. — Ça, c'est un intérêt moral! (*On rit.*)

M. X***. — Monsieur le Ministre, n'exagérons rien. Le succès que vous avez obtenu est surtout un succès d'escadre (*Très bien, très bien*) — un de ces avantages que la Porte laisse assez libéralement les amiraux prendre sur elle, quand elle a prouvé aux diplomates qu'elle n'est pas à la merci de leurs talents. (*Nouveaux applaudissements. Rires.*) Ce qui est souhaitable, c'est que nous retrouvions à Constantinople une part de notre ancien crédit, de celui qui dispensait, tout justement, de déplacer les escadres. Ce *desideratum* n'a rien d'excessif, alors surtout que le crédit de la France semble devoir être renforcé aujourd'hui de celui dont la Russie dispose.

Ne trouveriez-vous pas étrange, messieurs, que les deux grandes puissances qui débattirent, en 1854, le sort de l'Empire Ottoman se contentassent d'une influence atténuée à Constantinople, depuis qu'elles sont amies et, à plus forte raison, alliées? Quelques symptômes, parmi lesquels je range le dernier incident franco-turc, donnent à craindre qu'elles s'en contentent. Le premier pas, dans la carrière que je leur souhaite, consiste à prendre, vis-à-vis du Sultan, une attitude moins modeste et surtout mieux concertée.

Un second pas serait fait, à partir du jour où la France et la Russie auraient un plus juste sentiment de leur rôle et de leur force, dans la périphérie de la péninsule balkanique.

Autour du territoire européen de la Porte ottomane, cinq États, au cours du xix° siècle, se sont constitués à ses dépens : la Serbie, la Bulgarie, le Monténégro, la Roumanie, la Grèce. Malgré la diversité des intérêts et des races, ce Balkan indépendant et chrétien ne laisse pas de présenter une certaine homogénéité. Il se rattache, en immense majorité, au grand

corps de l'orthodoxie gréco-slave, et l'histoire de son émanci-
pation est indissolublement liée à celle de la mission religieuse
que la Russie, jadis, ne séparait point de sa vocation d'État.
Il se rattache en même temps, par les tendances intellectuelles,
à la civilisation occidentale, plus spécialement à la civilisation
française. Parmi les hommes marquants dans les carrières politiques ou libérales, il n'en est guère, en Serbie, en Bulgarie, en
Roumanie, qui n'ait été formé par notre enseignement supérieur
ou au contact de Paris. Et Paris partage, avec Saint-Pétersbourg, le titre de capitale morale de ce Balkan encore frac-
tionné, encore en élaboration, mais dont le *devenir* renferme,
pour ainsi parler, la solution en réserve de la vieille question
d'Orient.

Combien cette société balkanique — je me sers à dessein de
l'expression la plus large — était préparée, messieurs, à entrer
politiquement dans l'orbite de l'alliance franco-russe! Elle
tient à la Russie, malgré des infidélités partielles et passagères
— effet, au surplus, des intrigues austro-allemandes — par
les liens de la religion, de l'histoire, des mœurs, sinon même
de la consanguinité. Elle tient à la France par les affinités de
l'esprit, le goût des libertés constitutionnelles, les attirances
qu'éprouvent presque fatalement toutes les néo-civilisations
pour notre pays vulgarisateur et éducateur. Elle reflète à la
fois le génie français et le génie russe, ou plutôt elle tend à
une harmonieuse compensation entre leurs contrastes. Menacée
de retours offensifs du Turc et de tentatives d'absorption austro-
allemandes, elle ne peut placer l'avenir de son développement
autonome sous une garantie plus sûre que celle des deux
grands États dont l'intérêt bien entendu est de conjurer, dans
la péninsule, la coalition du Turc et de l'Allemand.

Une politique balkanique commune — mais, messieurs,
c'était le plus naturel, le plus fécond des actes de vitalité qu'on
attendait de l'alliance franco-russe! Elle eût conduit logique-
ment à l'extension de cette alliance. Elle eût agrégé au système
qui en est issu le groupe des petits États le plus apte à rendre
ce système complet et définitif. Elle eût permis de combler,
sur l'échiquier politique et militaire, l'espace qui reste vide
entre la France et la Russie. J'admets que la Confédération des

cinq nations balkaniques, sous un patronage commun, soit un beau rêve; que les intérêts de la Roumanie et de la Grèce, notamment, répugnent à s'absorber dans un syndicat où l'élément slave eût revendiqué la part léonine. Mais la *Ligue balkanique,* messieurs, dont la constitution a été tant de fois annoncée et démentie, peut parfaitement se concevoir limitée aux trois États slaves. Cette *Ligue,* entre la Serbie, la Bulgarie et le Monténégro, qu'on a baptisée quelquefois — avant la lettre — la Triplice des Balkans, répond suffisamment à l'objectif politique qu'eussent dû se proposer sans relâche les cabinets de Paris et de Saint-Pétersbourg. Son efficacité ne dépend pas de la participation de la Roumanie et de la Grèce.

A la fédération des petits États slaves l'Alliance eût gagné d'abord de tenir une force en suspens, à la lisière même de l'Empire turc, sur le mauvais vouloir et sur la mauvaise foi du Sultan. Elle eût disposé d'un de ces avant-postes permanents qui permettent d'économiser les démonstrations passagères à Mitylène. (*Rumeurs.*) Ce n'est pas tout. Unis, soutenus, associés à la politique et fortifiés du patronage de la France et de la Russie, les États slaves des Balkans, au lieu de donner le spectacle d'oscillations périlleuses pour leur paix intérieure et pour leur crédit, auraient senti fixée leur fonction internationale.

Leurs gouvernements, d'accord en ceci avec le sentiment populaire, sans s'écarter d'une attitude mesurée et pacifique vis-à-vis des puissances de l'Europe centrale, se seraient tenus en garde contre toutes les formes de l'infiltration germanique. Ils auraient compris que la fonction dont je parle, et qui n'est pas sans intérêt même pour l'équilibre européen, consiste à former barrage entre l'Allemand et l'Orient. Ils auraient pris, en somme, le contre-pied de cette politique à la fois odieuse et funambulesque, à laquelle le roi Milan a attaché son nom, politique qui les abaisse trop souvent au rôle de clientèle des agents secrets et des coulissiers viennois.

Ce n'est pas tout encore. En cas de guerre continentale, une *Ligue balkanique,* œuvre et instrument de l'alliance franco-russe, serait, pour ainsi dire, une seconde épée slave dans le flanc de la Monarchie de Habsbourg. Et laissez-moi vous dire, messieurs, qu'en se ménageant un concours militaire éventuel sur cette frontière, la France n'eût fait que se conformer à sa propre tradition.

Lorsque nos Rois, lorsque, plus tard, le second Empire, cultivaient l'amitié de la Sublime Porte, que faisaient-ils autre chose sinon de prendre, en se ménageant des alliés du côté de l'Orient, des assurances contre la Maison d'Autriche? Le bloc des ambitions et des intérêts dont la Maison d'Autriche était alors l'expression s'appelle aujourd'hui l'Europe centrale; le siège de ce puissant organisme a été transféré, depuis 1866, de Vienne à Berlin : voilà toute la différence. Elle est dans la forme, plutôt que dans le fond des choses.

Eh bien ! je dis que si, par mille raisons, nous n'avons plus à compter aujourd'hui sur l'Empire Ottoman, comme contre-poids aux tendances expansives de la race germanique et de son cortège de races subordonnées, c'est une faute grave de ne point appeler les Slaves des Balkans à le suppléer dans ce rôle. C'est de l'incurie diplomatique, dont les effets seraient durement sentis en cas de guerre, que celle qui consiste à laisser vide, sur l'échiquier continental, une case que la Serbie et le Monténégro, épaulés à la Bulgarie, pourraient remplir. Et, à ce point de vue encore, je m'étonne de l'optimisme et de la bénignité de la politique franco-russe, qui, pouvant associer ces petits États à la fortune de l'Alliance, laissent en somme à l'imprévu le parti et la position qu'ils prendraient en cas de guerre.

J'ai essayé de formuler, messieurs, le triple résultat qu'il eût été raisonnable d'escompter d'une politique commune à la France et à la Russie, sur le Balkan. Comment le gouvernement français, au lieu d'y tendre avec fermeté, a-t-il laissé se créer un état de choses qui non seulement exclut sa propre influence, mais consacre et légitime une influence rivale? Comment, au lieu de partager avec nous, ses alliés, le *condominium* moral sur les États chrétiens de la péninsule, la Russie peut-elle le partager présentement avec une puissance de la Triplice, l'Autriche-Hongrie? (*Rumeurs.*)

Car une entente austro-russe, dont le Balkan est l'objet, existe, messieurs, depuis 1897. Elle est officielle. Elle est périodiquement célébrée dans les Délégations austro-hongroises, par la presse de Vienne, qui fait son métier, et même par la nôtre, qui se règle assez communément sur des brocards. Or, le brocard, ici, n'est pas une invention de journalistes. Il a été mis en circulation par les sages ou soi-disant tels du Quai d'Orsay. Et sa formule, qui survit à tous les changements de ministères, je vous la donne telle que je l'ai recueillie dans les sphères officielles : « Nous n'avons point à nous occuper de la région des Balkans. Elle rentre dans l'orbite de la Russie! » (*Mouve-ment d'attention.*)

Une voix a droite. — Quel est le but de l'entente dont vous parlez?

M. X***. — En style de chancellerie, l'entente austro-russe n'a pas d'autre but que d'assurer le *statu quo* dans la péninsule balkanique. En fait, elle consacre, au profit de l'Autriche-Hongrie — et le point est capital — un titre à exercer, concurremment avec la Russie, une sorte de haute police sur la politique extérieure des États slaves. C'est, au fond, le principe de la neutralisation de ces États, substitué à celui de leur fédération sous le patronage franco-russe. Notre rang et nos intérêts d'alliés sont primés, sur ce point, et en vertu d'une convention formelle, par les intérêts de l'Allemagne et de l'Autriche-Hongrie. On dit, dans les cercles « bien informés », que, moyennant cette concession, le gouvernement de Saint-Pétersbourg se sent les mains beaucoup plus libres pour l'exécution de ses plans asiatiques. C'est là son bénéfice. (*Mouvements divers.*)

M. le Ministre des Affaires étrangères. — L'état d'alliance, tout le monde le sait, n'exclut pas la faculté de traiter séparément de certains intérêts avec des puissances tierces. Est-ce que le gouvernement russe est intervenu, par exemple, à la convention que j'ai signée avec l'Angleterre, le 21 mars 1899, délimitant notre sphère d'influence dans l'*Hinterland* africain ?

M. X***. — Le parallèle est étrange. Est-ce que par hasard un règlement relatif à l'*Hinterland* africain est objet d'intérêt commun à la Russie et à la France? Est-ce qu'il peut affecter en quoi que ce soit les traditions, le présent ou l'avenir de la politique russe? Je suis surpris que M. le Ministre assimile les titres de la France à n'être point oubliée dans une convention balkanique à ceux que le gouvernement allié invoquerait d'aventure, pour intervenir à nos arrangements dans les régions du Soudan, du Sahara et du Tchad ! (*Très bien, sur plusieurs bancs.*)

Voulez-vous me permettre une comparaison? Je l'emprunte à des souvenirs juridiques. Une alliance, c'est entendu, n'est point une charte étroite, qui oblige les contractants à confondre tous leurs droits et tous leurs biens. Parmi ces biens, il en est, pour ainsi dire, de dotaux. Ce sont précisément ceux qui constituent le fonds commun de l'alliance, que l'alliance a pour but de mettre en valeur, et dont ses membres ne sauraient disposer à titre séparé. D'autres pourraient être appelés paraphernaux : j'entends par là que le bon sens, la bonne foi, la saine politique, en un mot, en laissent à chaque allié la libre disposition. Et si vous me permettez de pousser la comparaison jusqu'au bout, je dirai que les intérêts de la France dans l'*Hinterland* africain, comme d'ailleurs ceux de la Russie, dans l'*Hinterland* asiatique, peuvent être qualifiés *paraphernaux,* autrement dit réservés au profit de chacun des contractants ; qu'au contraire, les intérêts balkaniques, les intérêts européens, ceux dont la nature même a disposé le cadre entre les territoires continentaux russe et français, ont un caractère en quelque sorte *dotal,* constituent l'apport intangible dont une des parties ne saurait rien prélever sans le consentement de l'autre. Si je fais erreur, si cet apport n'existe pas, ou s'il est susceptible d'affectations différentes, M. le Ministre voudra bien alors nous dire sur quels principes reposent les alliances contemporaines, et en particulier celle que nous avons conclue avec la Russie? (*Très bien, sur quelques bancs. Rumeurs diverses.*)

M. LE MINISTRE DES AFFAIRES ÉTRANGÈRES. — Vous pouvez être pleinement rassuré. Ces principes, pour ne pas s'inspirer du mécanisme du régime dotal, n'ont rien dont puisse s'alarmer l'intérêt de la France. (*Bruit.*)

UNE VOIX A L'EXTRÊME-GAUCHE. — Vous n'avez pas répondu.

M. X***. — Je serai peut-être plus heureux en attirant l'attention de la Chambre et de M. le Ministre sur un troisième point.

Messieurs, c'est presque un lieu commun que de rappeler qu'il existe une « question d'Autriche », et même, si vous voulez bien permettre l'expression, une question d'Autriche à deux degrés. Au premier degré, elle revient à savoir si une évolution intérieure, basée sur le droit des majorités, restituera aux nationalités dites secondaires, et singulièrement à la nationalité slave, la part d'influence qui leur revient sur les affaires de cet État — ou si le *dualisme,* expression des seuls intérêts allemands et magyars, rivera longtemps encore la Monarchie de Habsbourg au rôle de pur satellite de celle des Hohenzollern.

Au second degré, la question d'Autriche ne se pose plus sous la forme constitutionnelle. Elle présuppose, au contraire, l'échec de toutes les tentatives en vue de réformer une constitution inique et surannée. Elle nous met en présence d'une éventualité brutale : l'intervention de l'Allemagne pangermaniste sur le champ de bataille des nationalités austro-hongroises, et l'orientation déterminée de la politique de Berlin vers l'annexion de tout ou partie des territoires de langue allemande.

A l'un et à l'autre degré, la question d'Autriche intéresse, passionne même les hommes d'État contemporains, j'entends ceux qui ne confondent pas la politique extérieure avec l'art secondaire de louvoyer au jour le jour. Qu'il me soit permis, messieurs, de rendre en passant un hommage rétrospectif aux patriotisme clairvoyant dont s'inspira naguère le Président de cette Assemblée, dans son discours de réception à l'Académie française. (*Mouvement.*) Ce discours, vous vous en souvenez, rempli de vues politiques et d'avertissements qui méritaient d'être mieux entendus, résume à souhait les problèmes qui surgissent de la crise endémique dans l'Empire des Habsbourg. Il les résume, du moins, au point de vue français, et je ne saurais mieux concilier la nécessité d'en rappeler quelques passages avec celle de ménager la modestie de M. le Président, qu'en reproduisant un emprunt qu'il a fait lui-même à l'œuvre de son prédécesseur Édouard Hervé.

— « Si nous n'étions pas des Grecs du Bas-Empire ou des Polonais du xviiie siècle, écrivait M. Hervé dès le mois de novembre 1871 ; si nous n'étions pas uniquement préoccupés de nos misérables et honteuses querelles, nous prêterions quelque attention à ce qui se passe de l'autre côté du Danube. Ce sont nos affaires qui se font là ; ce sont nos intérêts qui sont en jeu. » Et, prévoyant les déchirements futurs de l'Europe centrale, il ajoutait : « Ce jour-là, nous aurons une belle partie à jouer... Si nous avons le bonheur de posséder un gouvernement vraiment national, préoccupé avant tout de la grandeur du pays, si nous avons une armée et surtout une diplomatie, des généraux et surtout des hommes d'État... » (*Mouvements divers.*)

UNE VOIX A DROITE. — Dites à la question d'Autriche qu'elle attende ! (*Protestations à gauche et au centre.*)

M. X***. — ... « Il ne dépend que de nous d'être les arbitres de ce grand débat entre l'Empire germanique et l'Empire slave. »

Ces lignes, je le répète, datent de 1871. En un certain sens, l'avenir nous réservait mieux que le rôle d'arbitres entre l'Empire germanique et l'Empire slave, puisqu'il devait associer celui-ci à nos propres destinées par une alliance en forme. Reste à savoir si, par elle-même, par sa force passive, en quelque manière, l'alliance franco-russe couvre ses participants contre toutes les surprises que réservent l'évolution ou la brusque solution de la question d'Autriche ? M. Hervé se le demandait, dès le lendemain de Cronstadt. « Son patriotisme — ici, c'est M. le Président qui parle — son patriotisme toujours en éveil ne se laisse pas étourdir. Sachant bien que ces sortes d'accords prennent plus ou moins de consistance et de force selon l'esprit dans lequel on les applique, il se demande aussitôt ce que doit être, ce que deviendra celui-ci : seulement une garantie pour les Français contre une agression possible, et *un moyen pour les Russes de s'étendre en Asie* — veuillez noter ce point, messieurs — ou bien en même temps, grâce au génie de leurs hommes d'État, le point de départ d'une ère nouvelle pour l'Europe et pour le monde ? »

Nous pouvons tous faire la réponse à la question que se posait M. Hervé et que semble bien s'approprier son éminent panégyriste. L'aube nouvelle ne s'est point levée ; la situation

européenne, dont la clef est en Autriche-Hongrie et sur le
Balkan, n'accuse aucune modification qui soit à notre avantage ;
et le seul phénomène qui ressorte, depuis que l'Alliance a été
conclue, c'est l'extension de la Russie sur le continent asiatique.

Tout se tient, messieurs. Comment les Slaves d'Autriche-
Hongrie, qui reçurent quelquefois — aux temps déjà lointains
de la politique d'Ignatieff et de Gortchakoff — et qui recher-
chèrent presque toujours l'impulsion morale de la Russie,
pourraient-ils se faire illusion sur les dispositions de cette
puissance, quand ils la voient transiger avec l'Autriche tripli-
cienne et dualiste sur le Balkan? Comment puiseraient-ils un
réconfort dans l'attitude de la France, quand ils voient celle-ci
accepter toutes les avances de l'Allemagne, sinon les provoquer, peut-être? (*Très bien, sur plusieurs bancs. Rumeurs
diverses.*) Quel fonds peuvent-ils faire, au point de vue de la
poursuite de leurs justes revendications, sur l'influence de
l'Alliance jadis acclamée par eux, lorsqu'ils constatent, par
exemple, que le consul français de Prague reçoit un congé
d'office, le jour où la capitale de la Bohême, accueillant dans
ses murs une délégation du Conseil municipal de Paris, se
prépare à enchérir sur une manifestation proprement nationale
par une manifestation franco-tchèque?

Le fait date de l'année dernière.

M. Georges Berry. — C'était de la politique extérieure dirigée
contre le Conseil municipal! (*Bruit.*)

M. le Ministre des Affaires étrangères. — Nous ne pouvons
que nous réjouir de toutes les manifestations de sympathie qui
s'adressent à la France. Mais le principe de non-immixtion
dans les affaires intérieures des autres États est un principe
de droit, de convenance et de prudence. Le gouvernement qui
est sur ces bancs s'y est toujours montré fidèle — et s'en flatte.
(*Approbations à gauche et au centre.*)

M. X***. — Monsieur le Ministre, vous parlez immixtion et
moi je parle attitude. Vous êtes le premier à sentir la nuance.
Du reste, le principe dont le Gouvernement se réclame est
loin d'être sacré pour ses plus chauds partisans. Voulez-vous
bien me permettre de vous rappeler qu'au cours des débats de

l'affaire Dreyfus, alors que sévissait chez nous la turlutaine de l'humanitarisme... (*Agitation.*)

M. LASIES. — Elle sévit toujours !

M. X***. — ...Une adresse couverte de signatures allemandes, belges, suédoises, françaises, fut présentée à S. M. le Tsar, en vue d'attirer sa haute attention sur les soi-disant torts de son gouvernement vis-à-vis des Finlandais? Le nom de M. Trarieux était l'un des plus beaux ornements de cette pièce intempestive. (*Bruit.*) En sorte que nous avons eu, que nous avons encore sous les yeux ce contraste étrange : en vertu du principe de non-immixtion, les gouvernements français et russe découragent, désavouent au besoin les manifestations individuelles ou collectives qui associeraient les Slaves d'Autriche à la vie de l'Alliance. En revanche, un sénateur, un ancien ministre, de compagnie avec des illustrations allemandes, se reconnaît le droit de donner publiquement des conseils à S. M. le Tsar sur la façon de gouverner les Finlandais; de même qu'une association d'étudiants français fait au gouvernement russe, par la voie des journaux, des remontrances sur le régime universitaire, et un gros d'intellectuels sur l'excommunication de Tolstoï...! (*Vives exclamations à gauche et à l'extrême-gauche.*)

M. GUSTAVE ROUANET. — Nous avons le droit d'écrire chez nous ce que nous voulons !

M. ZÉVAÈS. — Faites donc l'apologie du knout !

M. LE MINISTRE DES AFFAIRES ÉTRANGÈRES. — Mais le Gouvernement n'est pour rien dans tout cela! (*Nouvelles rumeurs à l'extrême-gauche.*)

M. X***. — Oh! je sais bien, Monsieur le Ministre, qu'il est des solidarités qui vous pèsent! (*Vifs applaudissements à droite.*) D'autant que, politiquement, vous en avez vécu... (*Nouveaux applaudissements.*) Mais croyez bien que l'opinion, simpliste, ne met pas une si grande différence entre les expressions de ce que j'appelle, en toute sérénité, l'esprit dreyfusard... (*Violentes protestations sur un grand nombre de bancs. Cris : A l'ordre!*) Ne vous emportez pas : c'est un esprit comme un autre, messieurs... (*Nouvelles exclamations. De nombreuses interruptions se perdent dans le bruit.*) Il a seulement le léger défaut, au point de vue national, d'appliquer à tort et à travers le principe de non-immixtion dont M. le Ministre faisait l'apologie tout à l'heure. Avec cet esprit-là, nous sommes assurés de ne jamais tendre la main, par-dessus la frontière, à nos amis naturels; et nous avons grande chance de nous associer, tête baissée, à toutes les manifestations qui servent la politique de nos ennemis. (*Salve d'applaudissements à droite et sur quelques bancs au centre. Rumeurs à gauche.*)

M. LE MINISTRE DES AFFAIRES ÉTRANGÈRES. — Ai-je besoin de vous dire que vous ne m'avez pas convaincu?

M. X***. — Je sais, Monsieur le Ministre, que, parmi les questions qui vous sont importunes, figurent en première ligne celles dont l'Autriche-Hongrie fournit la matière. La politique que devrait inspirer aux cabinets de Paris et de Saint-Pétersbourg la crise des nationalités dans l'Europe centrale est tellement éloignée de la vôtre qu'on ne peut même y faire allusion, sans accroître votre défiance de l'initiative parlementaire. (*Très bien, sur plusieurs bancs. On rit.*)

Or, voyez, messieurs, l'anomalie! En Russie et en France le mot d'ordre officiel est de paraître ignorer que vingt millions de Slaves, en Autriche-Hongrie — sans compter les Roumains et les Italiens — aspirent à la réforme de la Constitution, réforme dont se ressentirait fatalement la politique extérieure de l'État. Il est de ne pousser, sous aucune forme, au mouvement d'opinion qui pourrait nous rendre cette transformation favorable. Et ce sont les alliés de l'Autriche contemporaine qui, soit par des actes, soit par des manifestations calculées de tribune ou de presse, prennent soin de rappeler à l'Europe la caducité de l'Empire des Habsbourg et préludent aux dispositions que cette caducité suggère!

M. le Ministre pourrait vous dire si le parti pangermaniste éprouve les mêmes scrupules que l'esprit de leur gouvernement impose aux slavophiles russes, et si, par conséquent, derrière ce parti, on n'aperçoit qu'une Allemagne neutre, un simple et discret témoin de la crise austro-hongroise! Hier encore, le gouvernement de Hesse faisait cadeau de 200,000 marks à l'*Alldeutscher Verband.*

Il pourrait vous montrer, en Bohême, dans la Basse-Autriche et jusqu'en Styrie les traces de la prévoyance allemande, qui

n'entend point être prise au dépourvu, si, comme les pessi-
mistes l'annoncent, la fin de la carrière de l'Empereur François-Joseph marque celle de la trêve des races dans ses États.
Il est de fait, messieurs, que lorsque l'Empereur François-Joseph
disparaîtra... (*Mouvements divers.*) Je me demande, messieurs...

M. LE MINISTRE DES AFFAIRES ÉTRANGÈRES. — Vous ne compre-
nez pas le sens de ces interruptions?

M. X***. —Il me semble que je n'ai rien dit d'étrange...

M. LE PRÉSIDENT. — Vous n'êtes pas embarrassé d'ordinaire,
Monsieur X***, pour choisir entre les formes. (*Approbation sur
quelques bancs.*)

M. X***. — Mon Dieu, messieurs, il s'agit après tout d'un
souverain sans titres même à l'immortalité réservée à M. le
Président, comme membre de l'Académie française. (*On rit.*)
Et, quant à la forme, j'ai pris, comme à l'habitude, la plus
simple. On l'employait récemment dans un Parlement fort bien
élevé, la Chambre italienne. Il paraît qu'il faut maintenant
parler ici le langage des Cours : quel salon! (*Hilarité.*)

M. LE PRÉSIDENT. — Monsieur X***, je forme des vœux pour
que cette Assemblée puisse toujours se reconnaître dans le
miroir que vous lui présentez. (*Redoublement d'hilarité sur tous
les bancs.*)

M. X***. — Je disais que, l'an dernier, à la Chambre italienne,
au moment de la discussion du budget des Affaires étrangères,
plusieurs interpellateurs ne craignirent pas de mettre en relief
la situation interne de l'Autriche-Hongrie; qu'ils s'appliquèrent
même, conscients de leurs devoirs de représentants du pays,
à signaler telle éventualité qui pourrait réagir violemment sur
les intérêts italiens. C'est notamment aux applaudissements de
toute la Chambre, de toute la presse, que, dans la séance du
15 juin 1901, faisant allusion aux transformations qui se pré-
parent en Orient, et dont je parlerai tout à l'heure, l'éminent
orateur de Marinis prononça cette phrase caractéristique :
« L'Allemagne se prête à ces projets, parce que ses intentions
ne sont plus un mystère, pour le jour où disparaîtra l'Empereur François-Joseph : elle vise Salonique, le plus grand port
de la mer Égée. De cette façon, le pangermanisme atteindrait
son plus haut idéal. » (*Mouvement.*)

Vous le voyez, messieurs, les vicissitudes de la Monarchie de Habsbourg ne semblent pas plus inspirer à ses alliés du Midi qu'à ses alliés du Nord ces sentiments d'exquise réserve, cette sorte de désintéressement pudibond qu'on cultive, à ce même endroit, sous l'inspiration des sphères officielles, en France et en Russie. Il faut passer le Rhin pour apprendre comme on « travaille » — je vous demande grâce pour l'expression — une situation déjà grosse de périls par elle-même. Il faut passer les Alpes pour voir à quel degré l'éducation nécessaire de l'opinion, touchant le grave problème de l'Europe centrale, est prise à cœur par ceux que l'opinion a investis de sa confiance. La Maison d'Autriche, si elle prête l'oreille aux conversations de ses alliés, peut s'approprier le mot célèbre d'un testateur du répertoire : « Il n'est question que de ma mort là-dedans! » (*Sourires.*) En revanche elle peut rendre cette justice aux sphères politiques de France et de Russie qu'on n'y parle ni de sa mort, ni même de son déclin. Et, probablement, on n'en pense pas davantage. (*Applaudissements sur quelques bancs. Rumeurs diverses.*)

En résumé, messieurs, je cherche en vain la trace de l'influence franco-russe soit sur les événements, soit sur la préparation des événements dont, à un jour donné, le Balkan et l'Autriche-Hongrie sont appelés à devenir le théâtre. C'est une lacune d'autant plus grave que l'avenir du continent se jouera sur ce théâtre-là ; d'autant plus incompréhensible que nulle part, sur aucun point du monde, les affinités de races, la tradition, les intérêts, la géographie elle-même n'ont accumulé et pour ainsi dire mis en réserve les éléments d'une action combinée de la France et de la Russie. Ce n'est rien moins que le compartiment tout entier de la politique européenne que l'alliance franco-russe élimine de la sphère de ses préoccupations et de ses efforts. Ici, la doctrine du « Tout à l'Asie » ; là, les mirages indéfinis de l'expansion coloniale absorbent les sphères dirigeantes. Et, sur la vieille Europe, où la carrière unie de la Russie et de la France pourrait être éclatante encore, vont s'appesantissant de plus en plus le verbe et la main de l'Allemagne. (*Applaudissements. Mouvements divers.*)

Ce n'est pourtant pas que le cours fatal des choses nous

épargne les avertissements. Je dirai plus : il ménage, en ce moment même, à la France et à la Russie, l'occasion d'une rentrée sur la scène européenne. Tel est le dernier point, messieurs, que je me propose de développer devant vous. Son actualité, comme son importance, me paraissent le rendre digne de toute votre attention. (*Parlez, parlez, sur plusieurs bancs.*)

Tout à l'heure, en vous invitant à écouter certains échos d'Italie, j'ai peut-être étonné ceux d'entre vous qui, sur les explications toujours parcimonieuses de M. le Ministre, ne jugent pas à sa véritable valeur, à sa valeur politique, l'amélioration marquée des relations franco-italiennes.

Ou je me trompe fort, ou ce phénomène, tel que l'ont présenté M. le Ministre et les officieux interprètes de sa pensée, ressortirait un peu de l'ordre sentimental : c'est la fraternité latine qui prend sa revanche ; — un peu de l'ordre économique : l'accord commercial de novembre 1899 porte ses fruits ; — un peu enfin de l'ordre diplomatique : n'oublions jamais de rendre hommage au doigté du Quai d'Orsay. Mais il n'affecterait pas, dans le fond, la situation européenne, en ce sens que la France ne compterait qu'une amitié platonique de plus, sans que d'ailleurs la Triplice, pour la solidité et la durée, comptât une garantie de moins.

Messieurs, l'heureuse amélioration de nos rapports avec l'Italie est l'œuvre du temps, des nécessités commerciales, de la diplomatie, dans une certaine mesure : je n'en disconviens pas. Mais croyez-le, elle eût été beaucoup plus tardive, et surtout moins sincère ; le spectacle même n'en eût pas été réservé peut-être à cette génération, si l'esprit politique, particulièrement aiguisé chez les Italiens, ne les avait avertis que par certains côtés, la Triple-Alliance a cessé d'offrir des garanties à leurs intérêts essentiels.

Ce n'est pas à cette tribune, ce n'est point surtout à titre incident qu'il convient de faire de cette vérité la démonstration par le menu. Entre les nombreuses causes qui ont engendré cette crise de la Triplice, je veux me borner à vous entretenir de la principale, de celle qui n'évoque ni ne trahit à aucun degré les mystères de chancellerie — mais qui est de domaine public, au contraire, puisqu'enfin elle ressort d'une incompatibilité géographique. (*Mouvement d'attention.*)

Si vous examinez, sur la carte, les points visés par la politique orientale de l'Autriche-Hongrie, et les routes qui y donnent accès ; si vous considérez, de surcroît, dans ce programme d'expansion balkanique, le complément de l'œuvre que poursuit en propre l'Allemagne à Constantinople et à travers l'Asie Mineure, vous arriverez infailliblement à cette conclusion que l'Italie, placée par la nature aux portes de l'Orient, intéressée au plus haut degré à les tenir libres, est menacée de se les voir fermer par la stratégie austro-allemande.

Le port de Salonique, rayonnant à la fois sur Suez, sur le Levant et sur les Dardanelles, s'il tombait jamais au pouvoir de la Monarchie de Habsbourg — et ce rêve est caressé à Vienne depuis trente ans et plus — ce port deviendrait l'*emporium* de toute l'Europe centrale, la tête de la grande ligne continentale de communications entre l'Angleterre et Suez, le véritable poste avancé de l'Occident politique et économique sur la Méditerranée. L'Autriche ne peut l'occuper sans s'assurer en même temps la possession de l'Albanie, c'est-à-dire la côte qui fait face aux Pouilles, et dont les admirables abris assureraient à sa flotte l'hégémonie absolue sur l'Adriatique. Maîtresse de Salonique et de la côte albanaise, elle pourrait barrer les routes qui conduisent de la basse Adriatique dans l'intérieur du Balkan, routes que le génie des Anciens avait disposées, au contraire, en vue d'étendre l'influence de Rome sur cette partie de l'Orient.

Supposez accomplies les destinées que la politique persévérante de Vienne et de Berlin réserve à la péninsule des Balkans, l'Italie — et nous sommes dans le même cas — voit décliner le trafic que Suez lui apporte. La *Malle des Indes* évite Brindisi et se tient à la plus courte voie, par Salonique. Le pavillon italien, soit de commerce, soit de guerre, est chassé de l'Adriatique, dont les clefs sont désormais tenues presqu'aussi étroitement par l'Autriche-Hongrie que celles du détroit de Gibraltar par les Anglais. L'Italie, enfin, est exclue de toute influence dans les affaires orientales, de toute participation éventuelle à la liquidation de l'Empire Ottoman, de toute perspective de faire rayonner sa langue, sa culture propre et son commerce, de l'autre côté du canal d'Otrante, sur des pays neufs, appelés à devenir de plus en plus tributaires de la civilisation — et dont elle est pourtant la plus proche voisine.

Messieurs, toutes les nations prévoyantes sont jalouses de leurs approches maritimes et veillent avec exactitude sur leurs intérêts d'expansion. C'est assez dire que la politique de véritable blocus, poursuivie par l'Autriche-Hongrie et l'Allemagne, a éveillé chez les Italiens la plus vive susceptibilité. Cette susceptibilité passe, et j'en pourrais fournir des témoignages, celle que déchaîna autrefois, dans la même Italie, notre installation à Tunis. Je me résume. Les puissances de l'Europe centrale ont besoin, pour s'ouvrir le chemin de l'Orient, de l'empire de la côte et de la mer, entre Trieste et Salonique. L'Italie réclame au contraire à bon droit la liberté du canal d'Otrante et le partage des influences au delà. Entre ces deux groupes d'intérêts existe donc un conflit, que la diplomatie peut assoupir, dont les éclats sans doute ne sont pas à redouter pour le moment, mais qui, dans le fond, reste irréductible — parce que, je le répète, les termes en sont posés par la géographie. (*Marques d'assentiment.*)

Et c'est ici, messieurs, qu'il me semble entrevoir une place pour une initiative, à tout le moins pour une attitude déterminée de l'alliance franco-russe. (*Mouvement d'attention.*)

Par la force même des choses, ce n'est plus de ses alliés actuels, mais bien au contraire de la Russie et de la France, que l'Italie peut espérer des garanties, touchant la liberté des routes de l'Orient et l'intégrité du *statu quo* balkanique. Une transposition s'est opérée fatalement dans les rôles respectifs des puissances de l'Europe centrale et de l'alliance franco-russe vis-à-vis de la Monarchie latine. L'Autriche-Hongrie ne peut faire un pas de plus dans la carrière dont Salonique est le terme sans infliger un échec irrémédiable aux intérêts italiens. Ses tendances, sur ce point de l'Europe, loin de s'harmoniser avec lesdits intérêts, en font donc une rivale, pour ne pas dire une ennemie. L'alliance franco-russe, au contraire, non seulement ne suscite ni difficultés ni craintes au cabinet de Rome ; elle est en situation de lui offrir, contre la poussée austro-allemande, le gage effectif d'une politique commune de préservation. (*Mouvement.*)

Je n'en conclus pas, veuillez le remarquer, que cette anomalie doive suffire, du point de vue italien, à la condamnation de la Triple-Alliance. Je dis seulement qu'elle suffit pour qu'on fasse à la Triple-Alliance son procès; pour qu'on pèse, cette fois avec minutie, de l'autre côté des Alpes, le *pour* et le *contre* d'un nouvel engagement de douze ans avec l'Allemagne et l'Autriche-Hongrie; pour qu'en un mot l'orientation de l'Italie, au lieu d'être fixée à l'avance, comme en 1891, fasse en ce moment question, et ne puisse être préjugée avant quelques temps encore. (*Très bien, sur plusieurs bancs à gauche.*)

Ces quelques mois, la politique franco-russe les mettra-t-elle à profit, et sous quelle forme? J'ignore si à Paris et à Saint-Pétersbourg l'on s'est posé cette délicate question, et je considérerais comme indiscret de provoquer là-dessus une explication publique de M. le Ministre. Tout ce que je sais, c'est que dans le compte rendu d'une *interview* accordée par lui à M. Ugo Ojetti, publiciste italien, le 3 janvier dernier, on lui prête une phrase caractéristique, un véritable jugement d'homme d'État, une formule des plus heureuses d'entente franco-italo-russe. — « Il est évident, aurait-il dit à son interlocuteur, que, sur le Balkan, la France et l'Italie doivent marcher la main dans la main. Par ailleurs, quelle puissance est plus apte que la Russie à comprendre et à seconder les intérêts italiens entre la Macédoine et l'Adriatique? » C'était parler d'or, et jamais peut-être, qu'il me permette de lui rendre cet hommage, M. le Ministre n'a eu un meilleur mouvement. Aussi, l'a-t-il immédiatement regretté. (*Hilarité. Bruits divers.*)

M. LE MINISTRE DES AFFAIRES ÉTRANGÈRES. — Le propos dont vous parlez a été démenti par l'*Agence Havas*. (*Exclamations.*)

M. X***. — C'est bien ce que je disais — mais au bout de douze jours seulement, et à la suite des sommations de tous les organes officieux de Vienne, de Pesth et de Berlin. C'est une des rares circonstances où M. le Ministre ait donné véritablement de l'humeur aux chancelleries de l'Europe centrale.

M. LASIES. — Cela ne lui arrivera plus! (*On rit.*)

M. LE MINISTRE DES AFFAIRES ÉTRANGÈRES. — Je ne permets à personne de mettre en doute mon affirmation. (*Plusieurs voix : Qu'est-ce que vous affirmez?*)

M. DENIS GUIBERT. — Je voudrais dire un mot : au cours d'une séance précédente, j'ai essayé de provoquer les explications de M. le Ministre sur l'attitude du gouvernement italien en Albanie. Il m'a été impossible d'obtenir de lui une seule parole. (*Plusieurs voix : C'est vrai!*) A-t-il tenu, oui ou non, un propos qui donne à entendre que la France et l'Italie ont, sur ce point, des vues communes, et que la Russie serait prête à les appuyer? (*Très bien, sur plusieurs bancs.*)

M. X***. — Messieurs, je vous demande la permission, cette fois, de prendre la défense de M. le Ministre...

M. LE MINISTRE DES AFFAIRES ÉTRANGÈRES. — Vous n'y êtes nullement autorisé! (*Agitation.*)

M. LE PRÉSIDENT. — Veuillez faire silence, messieurs.

M. X***. — Et, puisque je suis la cause innocente de cet incident (*On rit*), je répondrai à M. Denis Guibert, qui n'est point partisan d'une entente avec l'Italie...

M. DENIS GUIBERT. — Absolument pas...

M. X***. — Je lui répondrai que nous sommes d'avis tout à fait différents; mais qu'au surplus le moment serait mal choisi pour mettre à l'épreuve la réserve ministérielle...

M. LE MINISTRE DES AFFAIRES ÉTRANGÈRES. — Il n'est pas question de réserve, puisque j'ai démenti, je vous le répète!

M. X***. — L'important est que, dans une *interview* qui a fait le tour de l'Europe, et dont l'authenticité n'a été mise en question qu'après coup, un nouveau théorème politique ait été dégagé, savoir que la France, la Russie, l'Italie, ont des intérêts communs, j'allais dire des intérêts identiques, sur le Balkan. Mérite immense, messieurs, que de mettre en marche la vérité, surtout une vérité de cette portée-là! Et si M. le Ministre répudie la paternité de ce théorème, s'il répugne décidément à être grand homme — eh bien! c'est M. Ugo Ojetti qui l'est! (*Hilarité prolongée. Applaudissements.*)

Si, en effet, la question d'Orient, qui a exercé une influence incontestable sur les groupements des puissances pendant tout le cours du XIXᵉ siècle, devient, comme j'en ai le ferme espoir,

l'occasion de relations de plus en plus étroites, de plus en plus
confiantes entre la France, la Russie et l'Italie, je ne dis point
que c'en sera fait, dès 1903, de la Triple-Alliance — chef-
d'œuvre, ne l'oublions jamais, du génie bismarckien. Mais
je dis que la Triplice ne sera plus, dès lors, qu'une formule sans âme, un syndicat de suspicions réciproques beaucoup plus que d'intérêts, une combinaison dont le moindre
souffle de guerre ferait ressortir la fragilité. C'est déjà un
résultat qui n'est point indigne, ce me semble, de la sollicitude soutenue des cabinets de Paris et de Saint-Pétersbourg.
(*Mouvement.*)

Au delà, permettez-moi d'entrevoir un avenir plus récon-
fortant encore. Je suis de ceux qui pensent que, tôt ou tard,
l'Italie, consciente de ses véritables intérêts, sentira que
l'alliance franco-russe est la forme préparatoire d'un organisme plus étendu, plus puissant, auquel est réservée l'hégémonie sur le vieux continent comme sur la Méditerranée. Je
crois invinciblement à la fécondité du germe déposé dans le
pacte de Cronstadt, à son épanouissement, quelque jour, en
une entente cordiale, à laquelle participeront le monde slave
et le monde latin. (*Vifs applaudissements sur un grand nombre de bancs.*) C'est un idéal lointain encore, je le reconnais,
mais qui peut être rapproché par une politique de bonne foi,
de méthode, de persévérance surtout. Et, s'il n'appartient pas
à la Chambre de désigner *hic et nunc* à M. le Ministre les
mesures que la situation suggère, elle fera, je crois, œuvre de
patriotisme prévoyant, en disant, à titre d'indication, que cette
politique est la sienne. (*Nouveaux applaudissements.*)

Elle marquera du même coup qu'elle attend de l'alliance
franco-russe une politique européenne — car, au fond, c'est
cette politique même que je viens de définir. Elle soulignera
qu'elle discerne dans l'Allemagne l'agent propulseur et le béné-
ficiaire de ces forces centrifuges qui entraînent la France et la
Russie à grande distance de leurs intérêts européens — dans
l'Allemagne, messieurs, qui se montre en retour si avide d'élar-
gir, sur le vieux continent, les bases de son influence et de sa
prospérité. Elle réconfortera, du même coup, nos amis d'hier et
nos amis de demain, ceux que je vous ai signalés dans le

Balkan, en Autriche, en Hongrie, en Italie — syndicat formidable et latent d'intérêts qui n'attendent qu'un signe pour se rapprocher des nôtres.

Messieurs, ce n'est plus une thèse, c'est une simple pensée que je livre à votre bienveillante méditation — et je finis par là. Au lendemain des événements de 1866 et de 1870, un grand esprit opinait : « L'Italie est faite, mais il nous reste à faire des Italiens. » Laissez-moi vous dire en conclusion : « L'Alliance est faite, mais il nous reste à faire des alliés. » (*Applaudissements. L'orateur, en descendant de la tribune, reçoit les félicitations d'un grand nombre de ses collègues.*)

M. LE PRÉSIDENT. — La parole est à M. le Ministre des Affaires étrangères. (*Mouvement d'attention.*)

M. LE MINISTRE DES AFFAIRES ÉTRANGÈRES. — Messieurs, la longueur même des développements de notre collègue, M. X*** — développements dont je ne conteste pas l'intérêt — m'impose un devoir impérieux vis-à-vis de la Chambre : celui d'être court. M. X*** sera, du reste, le premier à comprendre que moi, ministre des Affaires étrangères, je ne puisse le suivre sur tous les terrains qu'il a choisis, et dont le choix même n'indique point qu'il se rende un compte exact de la réserve à laquelle ma responsabilité m'oblige. (*Rumeurs.*)

Comme j'ai eu l'occasion de le dire déjà à cette tribune, il est étrange, sinon même attristant, que certains esprits, en France, semblent prendre à tâche de méconnaître l'importance de la place que nous tenons dans le monde — alors que l'étranger rend hommage à la fermeté et à la sollicitude de la diplomatie qui a su nous la préparer. L'entreprise est plus hardie encore, et peut-être moins excusable, de représenter certains de nos intérêts comme méconnus par la grande nation à laquelle nous unissent les liens d'une inaltérable confiance. (*Approbations à gauche et au centre.*)

La Chambre ne demande pas, j'en suis convaincu, que le ministre des Affaires étrangères vienne lui certifier que l'alliance franco-russe n'a jamais failli, ne saurait faillir aux promesses de son origine... (*Plusieurs voix : Cela dépend !*) En fût-il besoin, je suis prêt à lui donner l'assurance que jamais les intérêts de la paix, dont cette alliance est l'expression, ne se sont plus heureusement conciliés avec ceux qui constituent notre patrimoine national.

M. Charles Bernard. — Mais nous avons déjà entendu tout ça ! *(Rires et approbations sur un grand nombre de bancs.)*

M. le Ministre des Affaires étrangères. — Pour moi, messieurs, j'ai conscience d'avoir entretenu, avec toutes les puissances, des relations conformes à la dignité, à la tradition, aux droits de notre pays. Et si je dis que cette lourde tâche m'a été allégée par la constante communauté de vues que j'ai entretenue avec le gouvernement de S. M. l'Empereur de Russie, j'aurai rendu un légitime hommage à la fécondité d'une alliance qu'une critique impuissante vient de contester. *(Bruit.)*

Dans quelques semaines, les liens qui unissent la France à la Russie recevront une consécration nouvelle de la visite à laquelle S. M. l'Empereur de Russie vient de convier M. le Président de la République. M. X*** me permettra de douter que la Chambre consente à diminuer l'importance de cet événement, en paraissant accorder quelque crédit aux observations, qu'il a présentées.

Une voix a droite. — Vous êtes substantiel, décidément! *(On rit.)*

M. le Ministre des Affaires étrangères. — L'heure me paraît au contraire, messieurs, à nous réjouir de ce que chaque année nous apporte un témoignage nouveau de la solidité de l'alliance franco-russe — et de ce que chacun de ces témoignages ajoute à l'attachement du pays et à la considération de l'Europe pour nos institutions républicaines. *(Applaudissements sur quelques bancs au centre et à gauche. Rumeurs à droite.)*

M. X*** *(de sa place)*. — Un seul mot. Par un sentiment de convenance que la Chambre appréciera, je m'étais abstenu de remarquer que le nom de l'alliance franco-russe est trop souvent mêlé, chez nous, à des manifestations électorales. M. le Ministre vient de combler cette lacune. Je le remercie. Il a complété mon discours. *(Applaudissements à droite. Protestations à gauche et au centre.)*

M. le Président. — J'ai reçu de M. X*** un ordre du jour ainsi conçu *(Mouvement)*:

« La Chambre, affirmant à nouveau son inaltérable attachement au principe de l'alliance franco-russe, ainsi qu'à la nation amie et alliée, exprime le vœu que la politique unie des deux États se montre particulièrement vigilante à l'endroit de leurs intérêts européens. »

M. LE MINISTRE DES AFFAIRES ÉTRANGÈRES. — Le Gouvernement n'accepte que l'ordre du jour pur et simple.

(On procède au scrutin.)

www.ingramcontent.com/pod-product-compliance
Ingram Content Group UK Ltd.
Pitfield, Milton Keynes, MK11 3LW, UK
UKHW020039100726
13658UKWH00003B/1420